8

D wie Deutsch

Arbeitsheft

Basis mit zusätzlicher Förderung

Herausgegeben von Dorothee Braun und Renate Teepe

Erarbeitet von
Isabell Burkheiser, Ulrich Deters, Beate Hallmann,
Sandra Heidmann-Weiß, Michaela Krauß, Ricarda Lohrsträter,
Mona Miethke-Frahm, Corinna Nagel, Elisabeth Schäpers,
Matthias Scholz, Isabel Tebarth, Barbara Wohlrab

Cornelsen

Neben diesem Arbeitsheft gibt es das Arbeitsheft Basis und Plus.

Impressum

Redaktion: Susanne El-Gindi, Sandra Wuttke-Baschek
Umschlaggestaltung: Rosendahl Berlin, Berlin
Layout, Grafik und technische Umsetzung: Klein & Halm Grafikdesign, Berlin

www.cornelsen.de

1. Auflage, 4. Druck 2024

Alle Drucke dieser Auflage sind inhaltlich unverändert und
können im Unterricht nebeneinander verwendet werden.

Druck: H. Heenemann, Berlin

ISBN 978-3-06-200041-6

PEFC
PEFC/04-31-1156

PEFC zertifiziert
Dieses Produkt stammt aus nachhaltig bewirtschafteten Wäldern und kontrollierten Quellen.

www.pefc.de

Das ist meine Meinung! – *schriftlich argumentieren*

**In diesem Kapitel bilde ich mir eine Meinung zu einem Thema.
Ich schreibe einen Beitrag für das Schulforum.**

Argumente (Gründe) für und gegen eine Sache sammeln

In einer Tabelle kann ich **Argumente** (Gründe) **für und gegen** eine Sache sammeln.	*dafür (pro)*	*dagegen (kontra)*
	– fördert die Gesundheit *– …*	*– bringt den Tieren nichts* *– …*

Meine Meinung sagen und mit Argumenten begründen

Ich sage **meine Meinung** und **begründe** sie **mit Argumenten**. Mit **Beispielen** kann ich die Argumente veranschaulichen.	*Ich bin gegen einen Veggie-Tag in der Mensa,* ***denn*** *ein vegetarischer Tag in der Woche bringt den Tieren,* ***beispielsweise*** *den Mastschweinen, nichts.*

Die Argumentationskette: So ordne ich meine Argumente nach Wichtigkeit und veranschauliche sie mit passenden Beispielen.

Meinung → 1. Argument (weniger wichtig) → 1. Beispiel → 2. Argument (wichtig) → 2. Beispiel → 3. Argument (am wichtigsten) → 3. Beispiel

Einen Forumsbeitrag schreiben

Ich beachte die Form: das **Thema**, die **eigene Meinung**, die **Argumente** und **Beispiele**, den **Schluss** und den **Namen**.

das Thema, die Meinung	*Ich bin der Meinung, dass ein Veggie-Tag in der Mensa eine/keine gute Idee ist, weil …*	
	Wichtig finde ich auch, dass … Beispielsweise … Aber mein wichtigstes Argument ist, dass … Zum Beispiel …	die Argumente, die Beispiele
der Schluss	*Deshalb bin ich für/gegen den Veggie-Tag.*	
der Name	*Toni (Klasse 8 b)*	

Gebrauchte Kleidung? Seite 6
Veggie-Tag in der Schulmensa? Seite 8
Computerspiele im Unterricht? Seite 12

Gebrauchte Kleidung? – Argumente erkennen und ordnen

Kleiderbörsen und Online-Portale bieten gebrauchte Kleidung an. Doch gebrauchte Kleidung ist nicht für jeden etwas. Lotta hat einen Flyer mitgebracht. Sie diskutiert mit ihren Freunden über das Thema.

Gebrauchte Kleidung und vieles mehr:

In unserer **Kleiderbörse** entdeckst du besondere Schnäppchen, die zu deinem Stil passen. Oder du verkaufst deine gebrauchte Kleidung und schenkst ihr ein zweites Leben. Jeden ersten Samstag im Monat im Jugendzentrum. Komm vorbei, mach mit!

Lotta: Ich finde diese Kleiderbörsen richtig gut, weil man günstige Markenkleidung bekommen kann. Letzten Monat habe ich dort zum Beispiel eine sehr coole gebrauchte Jeans gekauft. Die hätte neu viel Geld gekostet.

Emma: Ich mag keine gebrauchte Kleidung tragen. Die ist unhygienisch*, denn man weiß nicht, wer sie vorher getragen hat.

Marco: Aber man wäscht die Sachen doch, bevor man sie anzieht. Gebrauchte Kleidung hat sogar den Vorteil, dass mögliche Schadstoffe durch das viele Waschen ausgewaschen sind.

Emma: Gebrauchte Kleidung gefällt mir nicht, weil sie meist völlig unmodern ist. Manche Hosen haben beispielsweise einen viel zu weiten Schnitt. Wer will denn so etwas tragen? Der Nachteil ist auch, dass Second-Hand-Kleidung oft ziemlich abgenutzt** aussieht. Manche Sachen haben zum Beispiel auch Flecken oder Löcher.

Lotta: Aber das Stöbern macht viel Spaß. Ich habe schon richtige Schätze entdeckt, zum Beispiel eine Jacke mit vielen Taschen, die es so gar nicht mehr zu kaufen gibt.

Marco: Das Gute ist auch, dass die Sachen nicht weggeworfen, sondern wiederverwendet werden. Was dir nicht mehr gefällt oder passt, kann jemand anderes tragen.

*unhygienisch: unsauber, ungepflegt **abgenutzt: abgetragen, nicht mehr schön

1 Worüber diskutieren Lotta, Marco und Emma? Kreuze an.

Sie diskutieren über …

- ☐ die neuesten Modetrends in ihrer Schule.
- ☐ die Vorteile und Nachteile von Second-Hand-Kleidung.
- ☐ den Verkauf von Second-Hand-Spielen auf Trödelmärkten.

Die Jugendlichen haben unterschiedliche Meinungen zu gebrauchter Kleidung. Sie nennen Argumente dafür und dagegen.

2 Welche Meinung haben Lotta, Marco und Emma? Verbinde.

Lotta ist der Meinung, dass	… Second-Hand-Kleidung viele Vorteile hat.
Emma meint, dass	… Kleiderbörsen richtig gut sind.
Marco findet, dass	… gebrauchte Kleidung viele Nachteile hat.

3 Mit welchen Argumenten begründen die Jugendlichen ihre Meinung?

a. Markiere die Argumente im Text:
Argumente **dafür (pro)** gelb. Argumente **dagegen (kontra)** grün.
Tipp: Zwei Argumente sind bereits markiert.

b. Schreibe die Argumente **dafür** und **dagegen** in die Tabelle.

Argumente für Second-Hand-Kleidung (pro)	Argumente gegen Second-Hand-Kleidung (kontra)
– günstige Markenkleidung	*– gebrauchte Kleidung ist unhygienisch*

4 Lotta und Emma nennen auch Beispiele zu ihren Argumenten. Damit wollen sie diese anschaulich machen. Unterstreiche die Beispiele im Text auf Seite 6.

zum Beispiel, beispielsweise

5 Wie ist deine Meinung zu Second-Hand-Kleidung? Kreuze an.

Ich finde Second-Hand-Kleidung … ☐ sehr praktisch. ☐ nicht gut.

6 Welche Argumente passen am besten zu deiner Meinung? Markiere sie in der Tabelle oben.

7 Schreibe deine Meinung in dein Heft. Begründe sie mit mindestens zwei Argumenten aus der Tabelle.
Tipp: Du kannst auch ein eigenes Argument verwenden.

Ich finde Second-Hand-Kleidung …, weil …
Außerdem meine ich, dass …

Veggie-Tag in der Schulmensa? – Meinungen begründen, einen Forumsbeitrag schreiben

Ist ein vegetarischer Tag in der Mensa gut für Mensch, Tier und Umwelt? Du liest einen Zeitungsartikel und bildest dir eine Meinung zu dem Thema.

Neustädter Zeitung — Seite 3

Montag ist Veggie-Tag

Die Rachel-Carson-Schule startet ab September mit einem fleischlosen Tag in der Woche. Der Veggie-Tag hat viele Diskussionen ausgelöst.

Zunächst hat sich eine Arbeitsgruppe mit dem Thema beschäftigt. „Wir wollen etwas für den Klimaschutz und den Tierschutz tun, aber auch für unsere Gesundheit", sagen Elisa und Paul. Die Schulleiterin Frau Wolf sagt: „Ich unterstütze die Idee, einmal in der Woche bewusst auf Fleisch zu verzichten. Wenn in unserer Mensa **mehr Gemüse** gegessen wird, **fördert** das eine ausgewogene, **gesunde Ernährung**." Die Mitglieder der AG nennen unterschiedliche Gründe für den Veggie-Tag. Elisa erklärt: „Mir ist ein **vegetarischer Tag** in der Woche **wichtig**, weil wir damit ein **Zeichen gegen die Massentierhaltung** setzen. Die meisten Hühner, Rinder und Schweine werden lebensunwürdig gehalten. Beispielsweise haben viele Mastschweine weniger als 1 m^2 Platz im Stall. Weniger Fleisch zu essen, führt zu weniger Massentierhaltung!" Paul ergänzt: „Ein wichtiger Grund ist auch, einen **Beitrag für** den **Umwelt- und Klimaschutz** zu leisten. Bei der **Produktion von Fleisch** braucht man im Vergleich zu Gemüse **riesige Wassermengen**. Außerdem ist der **Ausstoß von Treibhausgasen** sehr groß. Dagegen hilft nur der Verzicht auf Fleisch." Es gibt aber auch Stimmen gegen den Veggie-Tag. Toni aus der Klasse 8 b meint: „Ich bin gegen den Gemüsetag. **Echte Würstchen und Frikadellen haben Geschmack.** Das Gemüse in der Schulmensa ist zum Beispiel oft zerkocht und schmeckt nicht." Alya fordert: „Alle sollen doch bitte **selbst entscheiden**, wann sie Fleisch und wann sie vegetarisch essen wollen." Tessa würde lieber alle Eltern überzeugen, nur noch Fleisch aus artgerechter Tierhaltung zu kaufen. „Ein **vegetarischer Tag** in der Woche **nützt den Tieren** gar **nichts**", sagt sie. Nach einem halben Jahr will die Schule eine Umfrage durchführen. Dann wird sich zeigen, ob der Veggie-Tag in ihrer Mensa eine Zukunft hat.

1 Worum geht es in dem Zeitungsartikel? Kreuze an.

- ☐ In der Schulmensa soll es nur noch fleischloses Essen geben.
- ☐ Einmal in der Woche soll es in der Schulmensa Fleisch geben.
- ☐ An einem Tag in der Woche soll es in der Schulmensa nur vegetarisches Essen geben.

Zum Veggie-Tag gibt es unterschiedliche Meinungen und Argumente.

2 Welche Meinung haben die Schulleiterin und die Schülerinnen und Schüler zum Veggie-Tag?

Frau Wolf, Paul, Toni, Alya, Tessa, Elisa

a. Lies den Zeitungsartikel noch einmal genau.
b. Wer ist **dafür (pro)** und wer ist **dagegen (kontra)**? Notiere die Namen in der Tabelle.

für einen Veggie-Tag (pro)	gegen einen Veggie-Tag (kontra)

3 Welche Argumente werden als Begründung genannt?
Tipp: Die Argumente sind blau markiert.
Schreibe die Argumente **dafür** und **dagegen** in die Tabelle.

Argumente für einen Veggie-Tag (pro)	Argumente gegen einen Veggie-Tag (kontra)
– weniger Fleisch und mehr Gemüse	
fördern die Gesundheit	

Elisa und Toni machen ihre Argumente mit Beispielen anschaulich.

4 **a.** Elisa ist **für** den Veggie-Tag, weil sie ein Zeichen gegen die Massentierhaltung setzen will. Welches Beispiel nennt Elisa? Finde es im Text. Schreibe es auf.

Beispielsweise ______________________________

____

______________________________.

b. Toni ist **gegen** den Veggie-Tag, denn Mahlzeiten ohne Fleisch schmecken nicht. Welches Beispiel nennt Toni? Unterstreiche es im Text.

Paul ist für den Veggie-Tag. Im Internet hat er diese Grafik gefunden.

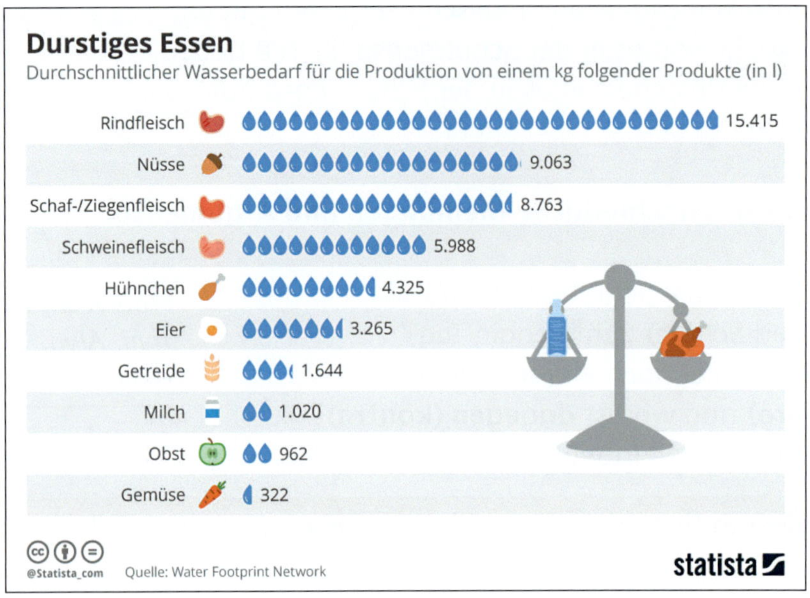

*die Produktion:
hier die Herstellung von Lebensmitteln in der Landwirtschaft

5 Worüber informiert die Grafik? Kreuze an.

- ☐ Die Grafik zeigt, wie viel Liter Wasser man braucht, um ein Kilogramm der verschiedenen Lebensmittel zu produzieren.
- ☐ Die Grafik zeigt, wie viel Liter Wasser die verschiedenen Lebensmittel enthalten.

6 Welche Beispiele könnte Paul aus der Grafik nutzen, um seine Argumente anschaulich zu machen? Schreibe auf.

Argument: Bei der Produktion von Fleisch werden riesige Wassermengen verbraucht.

Man braucht zum Beispiel ______________ Liter Wasser

für ein Kilogramm ____.

Argument: Bei der Produktion von Gemüse und Obst wird relativ wenig Wasser verbraucht.

Beispielsweise braucht man ____

____.

Du hast Argumente für und Argumente gegen einen Veggie-Tag gelesen.

7 **a.** Wie ist deine Meinung zu dem Thema? Kreuze an.

- ☐ Ich bin für einen Veggie-Tag in der Schulmensa.
- ☐ Ich bin gegen einen Veggie-Tag in der Schulmensa.

b. Markiere in der Tabelle auf Seite 9 die Argumente, die zu deiner Meinung passen.

Du kannst andere besser von deiner Meinung überzeugen, wenn du deine Argumente nach Wichtigkeit ordnest.

8 a. Wähle drei Argumente aus der Tabelle auf Seite 9 aus.
Du kannst dir auch ein eigenes Argument überlegen.

b. Ordne die Argumente nach Wichtigkeit und schreibe sie auf:

1 weniger wichtig 2 wichtig 3 am wichtigsten

1 ______________________

2 ______________________

3 ______________________

Mit Beispielen kannst du deine Argumente anschaulich machen.

9 Veranschauliche eines deiner Argumente mit einem Beispiel.
Finde ein passendes Beispiel im Kasten unten, im Text oder in der Grafik.

Ich bin für/gegen den Veggie-Tag, weil ______________________

______________________.

Zum Beispiel ______________________

______________________.

… enthält Gemüse viele Vitamine und Mineralstoffe.
… sollen alle wissen, dass Hühner oft unwürdig gehalten werden.

… schmecken Gemüse-Burger immer gleich langweilig.
… könnte täglich ein Essen ohne und eines mit Fleisch angeboten werden.

In deiner Schule soll ein Veggie-Tag in der Mensa eingeführt werden. Ihr sollt eure Meinungen dazu im Schulforum posten.

10 Schreibe einen Beitrag für das Schulforum. ▶ Wissen kompakt, S. 5
- Schreibe deine Meinung zum Veggie-Tag auf.
- Begründe deine Meinung mit drei wichtigen Argumenten.
- Veranschauliche mindestens zwei Argumente mit Beispielen.
- Schreibe einen Schlusssatz.

Ich bin für/gegen …, weil … Zum Beispiel …
Wichtig finde ich auch … Beispielsweise …
Am wichtigsten ist mir aber … Zum Beispiel …
Deshalb bin ich der Meinung, dass …

Computerspiele im Unterricht? – Meinungen begründen, einen Forumsbeitrag schreiben

Marco Fileccia setzt in seinem Unterricht häufig Computerspiele ein. Andere Pädagogen finden, dass diese nicht in den Unterricht gehören.

Lernsoftware in der Schule: Klug, aber gefährlich? *Linda Tutman*

[…] Für den Spiele-Ratgeber NRW testet [Marco Fileccia] gemeinsam mit seinen Schülern in einer Arbeitsgemeinschaft Spiele auf ihren pädagogischen Nutzen. Er ist überzeugt: „Das Potenzial[1] von Computerspielen wird in Deutschland nicht ausgeschöpft." Dabei liegen ihre Vorteile für den Unterricht für ihn auf der Hand: Zum einen könnten Inhalte den Kindern sehr anschaulich vermittelt werden.

Zum anderen seien sie mit dem Medium[2] vertraut und hoch motiviert. Das gemeinsame, kontrollierte Spiel im Unterricht liefere außerdem eine gute Grundlage für die Reflexion über Computerspiele. Was bewirken sie? Welche Faszination lösen sie aus? Was passiert während des Spiels? „Weil Computerspiele längst zu den Freizeitbeschäftigungen der Jugendlichen gehören, ist es umso wichtiger, sie auch im Unterricht zu besprechen", sagt Fileccia.

Mit dieser Haltung hat er längst nicht die Mehrheit der Eltern und Lehrer auf seiner Seite. Der Einsatz von Computerspielen in der Schule sei von zahlreichen Tabus[3] und Vorurteilen gekennzeichnet und deshalb sehr kompliziert, sagt Fileccia. Sobald man in Deutschland das Wort „Computerspiele" in den Raum werfe, löse man eine Killerspiel-Debatte aus, beklagt Marco Fileccia: „Man kann nicht alle Computerspiele über einen Kamm scheren, es gibt auch sehr gute und kreative Spiele." Dass es aus lernpädagogischer Sicht durchaus sinnvoll sein kann, im Unterricht auch mal zu spielen, zu diesem Ergebnis kommt auch eine Studie von Michael Wagner, Professor für Technologieunterstützes Lernen an der Donau-Universität im österreichischen Krems.

Über ein halbes Jahr integrierten Lehrer verschiedene Computerspiele in ihren Unterricht. Dass die Schüler deutlich motivierter waren als beim üblichen Frontalunterricht, verwunderte Wagner nicht. 80 Prozent der Schüler befürworteten den Einsatz der Spiele. Überraschend war für ihn vielmehr, dass besonders der kommunikative Austausch zwischen den Schülern deutlich über dem Niveau des durchschnittlichen Unterrichts lag. „Computerspiele sind nicht per se isolierend", sagt Wagner.

Es gehört zu den Horrorszenarien von Christian Pfeiffer, Leiter des Kriminologischen Forschungsinstituts Niedersachsen, dass Jugendliche nun auch noch während des Unterrichts vor dem Computer sitzen sollen. Eine Studie aus diesem Jahr ergab, dass 15-jährige Jungen rund zweieinhalb Stunden täglich mit Computerspielen verbringen, gleichaltrige Mädchen knapp eine Stunde.

Die Folgen machten sich unter anderem im Leistungsabfall der Jungen gegenüber den Mädchen bemerkbar, sagt Pfeiffer und warnt davor, das Medium in den Schulalltag zu integrieren: „So werden Schüler an das Computerspiel herangeführt.“ Die Argumente gegen einen Einsatz der Spiele im Unterricht beziehen sich vor allem auf ihren Suchtcharakter und die Gefahr, über das Computerspiel alles andere zu vergessen: Freunde, andere Hobbys, die Schule.

1 Potenzial = Gesamtheit aller vorhandenen Möglichkeiten 2 Medium = Kommunikationsmittel
3 Tabu = ungeschriebenes Gesetz („No-Go“)

1 Computerspiele können auch im Unterricht genutzt werden.
a. Lies den Zeitungsartikel mit dem Lese-Profi (vgl. Umschlaginnenseite).
b. Kennst und nutzt du selbst ein Computerspiel, das für die Schule verwendet werden kann? Notiere deine Erfahrungen in deinem Heft.

2 Schreibe auf, wer für (pro) und wer gegen (kontra) Computerspiele im Unterricht ist.

3 Was spricht für Computerspiele im Unterricht, was dagegen?
a. Markiere die Argumente **für** Computerspiele im Unterricht blau.
b. Markiere die Argumente **gegen** Computerspiele im Unterricht rot.
c. Wähle drei Argumente für (pro) und drei Argumente gegen (kontra) Computerspiele im Unterricht aus. Erstelle in deinem Heft eine Tabelle nach folgendem Muster und trage Stichworte in die Tabelle ein.

Meinung	Argument	Beispiel
für/gegen Computerspiele im Unterricht (pro/kontra) …	…	…

Deine Argumente kannst du mit Beispielen aus dem folgenden Diagramm veranschaulichen.

4 Lies das Diagramm mit dem Lese-Profi für Grafiken und notiere zu folgenden Fragen Stichworte.
- Worüber informiert das Diagramm?
- Wofür stehen die einzelnen Felder in dem Tortendiagramm?
- Was sagen die Zahlen aus?

5 Die Argumente und Informationen aus Text und Diagramm kann man verknüpfen.
a. Welche Beispiele liefern die Informationen für die Argumente in der Tabelle oben?
b. Ergänze deine Tabelle um die Beispiele.

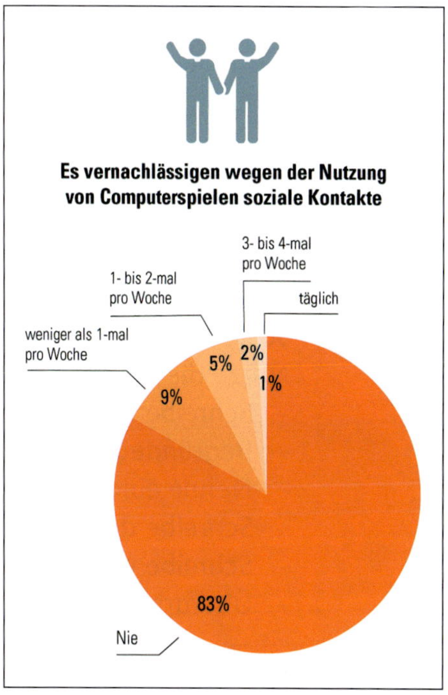

QUELLE: DAK-Studie „Geld für Games – Wenn Computerspiel zum Glücksspiel wird“ 2019

6 Was ist deine Meinung zu Computerspielen im Unterricht?
a. Schreibe in deinem Heft auf, ob du dafür oder dagegen bist.
b. Welche Argumente stützen deine Meinung? Markiere die Zeilen in deiner Tabelle.

7 Beispiele stützen deine Argumente. Hier ist ein Beispiel.

Über das Computerspiel vergessen viele Jugendliche ihre Freunde.
In einer Untersuchung zeigte sich zum Beispiel, dass 17 % der Befragten ihre sozialen Kontakte vernachlässigen.

a. Markiere die Stelle im Satz, an der das Beispiel eingeleitet wird.
b. Suche zu deinen Argumenten aus der Tabelle weitere Beispiele, markiere sie grün und notiere sie. Natürlich kannst du auch eigene Beispiele nehmen.
c. Ordne deine Argumente und Beispiele nach Wichtigkeit und nummeriere sie.

Wenn du Gegenargumente entkräftest, hilft es dir, andere von deiner Meinung zu überzeugen.

8 Wähle ein Argument der Gegenseite aus.
a. Überlege, was du auf das Gegenargument erwidern könntest.
b. Schreibe das Gegenargument und deine Entkräftung auf.

Ein mögliches Gegenargument ist, dass ______________________________

____.

Ich denke aber, dass ______________________________

____.

c. Schreibe deine Argumente und Beispiele in Form einer Argumentationskette nacheinander auf:
nicht so wichtiges Argument + Beispiel, wichtiges Argument + Beispiel, Gegenargument und Entkräftung, wichtigstes Argument + Beispiel.

▶ Wissen kompakt, S. 5

Auf der Schulhomepage gibt es ein Forum zum Thema „Computerspiele im Unterricht". Du möchtest dort Stellung nehmen.

9 Schreibe einen Beitrag für das Schulforum. Schreibe in dein Heft.
Nutze die Formulierungshilfen.
- Schreibe zu Beginn deine Meinung auf.
- Begründe deine Meinung mit drei wichtigen Argumenten und Beispielen.
- Nenne ein Gegenargument und entkräfte es.
- Schreibe dein wichtigstes Argument zum Schluss.
- Schreibe einen abschließenden Satz, in dem du deine Meinung nochmals bekräftigst.
- Überarbeite deinen Beitrag für das Schulforum.

Für den Anfang: Ich bin der Meinung, dass … | Ich bin für/gegen …
Für den Schluss: Zusammenfassend möchte ich sagen … | Mich überzeugt …

Schritte in die Berufswelt – *sachlich berichten*

In diesem Kapitel überarbeite ich einen Tagesbericht.
Der Tagesbericht informiert andere über meinen Praktikumstag.

Einen Tagesbericht schreiben	Beispiele
Ich beantworte am Anfang des Berichts die W-Fragen: **Wann? Wer? Wo?**	*Tagesbericht vom 12.06.2021* *Name: Kim Lehmann* *Praktikum in der Kfz-Werkstatt*
Ich berichte **in der richtigen Reihenfolge** und verwende Zeitadverbien.	*am Vormittag / nach der Mittagspause / am Nachmittag / zuerst / zunächst / dann / danach / nun / anschließend / schließlich / zum Schluss*
Ich schreibe **sachlich** und nur **das Wichtige**.	*kontrollierte* *Ich ~~checkte~~ die Wäsche.* *Nach der Mittagspause beobachtete ich die Kundenberatung im Verkaufsraum.* *~~Eigentlich hätte ich viel lieber im Wareneingang gearbeitet.~~*
Ich beschreibe die Tätigkeiten **genau** und verwende **Fachbegriffe**.	*auf die Hebebühne / mit der Drahtbürste / im Gewächshaus / mit dem Pikierstab / mit dem Hand-Scanner / zum Versand / mit Knopfschonern / in die Reinigungsmaschine*
Ich schreibe im **Präteritum** (Vergangenheit)	*ich begann / ich überprüfte / ich verglich / ich füllte / ich zog … fest / ich goss / ich entfernte / ich bereitete … vor / ich half / ich schaute … zu / ich hatte / ich war*

Ein Tag in der Gärtnerei Seite 16
Ein Tag im Großhandel Seite 18
Ein Tag in der Textilreinigung Seite 22

Ein Tag in der Gärtnerei – sachlich berichten

**Emil macht ein Praktikum in der Gärtnerei.
Die Bilder zeigen seinen zweiten Praktikumstag.**

1

Stecklinge einpflanzen

2

3

4

1 Welche Arbeiten hat Emil in der Gärtnerei ausgeführt?

a. Sieh dir die Bilder an.

b. Schreibe die Wortgruppen unter die passenden Bilder.

Pflanzen gießen | den Boden fegen | Stecklinge einpflanzen | welke Blätter entfernen

**Emil hat für seine Praktikumsmappe einen Tagesbericht geschrieben.
Du überarbeitest den Entwurf für Emil.**

Tagesbericht vom 12.05.2021

Name: Emil Brauer

Praktikum in der Gärtnerei Wagner

Mein Arbeitstag begann um 8:00 Uhr. Ich arbeite mit der Gärtnermeisterin Frau Wagner im Dings-Haus. Zuerst befülle ich die Blumentöpfe mit Erde. Dann stecke ich die kleinen Pflanzen mit dem Stock vorsichtig in die Erde. Anschließend stelle ich die Blumentöpfe auf einen beheizten Tisch und gieße die Pflanzen etwas, damit sie gut anwachsen.

2 Lies den Anfang des Berichts und beantworte die W-Fragen.

Wer macht das Praktikum? ______________________________

Wo findet das Praktikum statt? ______________________________

Einen Tagesbericht schreibst du im Präteritum.

3 Einige Verben in Emils Bericht stehen noch im Präsens.
Schreibe die markierten Verben im Präteritum auf.

arbeitete, ______________________________

In einem Tagesbericht beschreibst du genau und verwendest Fachbegriffe.

4 **a.** Markiere die ungenauen Wörter in Emils Bericht auf Seite 16.
b. Verbinde die Wörter mit dem passenden Fachbegriff rechts.

das Dings-Haus	die Stecklinge
die kleinen Pflanzen	der Pikierstab
der Stock	das Gewächshaus

So geht Emils Bericht weiter:

Am Nachmittag zeigte mir Frau Wagner, wie man eine Bestellung für einen Kunden vorbereitet. Wir holten die bestellten Pflanzen aus dem Gewächshaus. Ich entfernte die welken Blätter. Ich hörte beim Kundengespräch zu. Ich fegte den Boden und warf die Pflanzenreste in den Müll. Um 15:00 Uhr hatte ich Feierabend.

Mit Zeitadverbien kannst du die Reihenfolge verdeutlichen.

5 Überarbeite die markierten Sätze. Verwende Zeitadverbien.

Zuerst holten wir ______________________________

____

____

____

Zuerst, Dann, Danach, Nun, Zum Schluss

6 Überarbeite nun Emils Bericht vollständig. Schreibe ihn in dein Heft.
Verwende deine Ergebnisse aus den Aufgaben 2 bis 5.

Ein Tag im Großhandel – sachlich berichten

Celina macht ein Praktikum als Fachlageristin im Großhandel. Dort werden unterschiedliche Waren gelagert und auf Bestellung in einzelne Läden geliefert. Die Bilder zeigen Celinas dritten Praktikumstag.

Am Vormittag

1

Waren auspacken und überprüfen

2

Nach der Mittagspause

3

4

Am Nachmittag

5

6

1 Welche Tätigkeiten hat Celina im Großhandel ausgeführt?

a. Sieh dir die Bilder an.

b. Ordne die Wortgruppen den Bildern zu. Schreibe sie darunter.

Waren verpacken | Waren auf dem Etagenwagen transportieren | Kartons stapeln | bestellte Waren scannen | Waren auspacken und überprüfen | Etiketten aufkleben

Celina hat für ihre Praktikumsmappe einen Tagesbericht geschrieben. Du überarbeitest den Entwurf für Celina.

Tagesbericht vom 13.05.2021

Name: Celina Kehrein

Praktikum im Großhandel bei der Firma RC

Mein Arbeitstag beginnt um 8:00 Uhr. Ich arbeite mit der Fachlageristin Frau Aslan im Wareneingang. Zuerst packte ich die Waren, die dort ankamen, aus einem Karton aus. Dann vergleiche ich die Anzahl der Artikel mit dem Lieferschein. Als Nächstes überprüfte Frau Aslan, ob die Artikel und die Verpackungen unbeschädigt waren. Danach klebe ich die Etiketten auf die Verpackungen. Frau Aslan erklärt mir den Hand-Scanner. Anschließend lege ich die Artikel ordentlich in die Kiste. Schließlich transportiert das Förderband die Kisten zum richtigen Lagerort.*

*der Artikel: hier: eine bestimmte Ware, die gelagert und verkauft wird

2 a. Lies den Bericht.
b. Beantworte die W-Fragen.

Wer macht das Praktikum? ______________________

Wo findet das Praktikum statt? ______________________

Wann ist der Praktikumstag? ______________________

Wie heißt der Beruf? ______________________

Einen Tagesbericht schreibst du im Präteritum.

3 Einige Verben in Celinas Bericht stehen noch im Präsens.
Schreibe die markierten Verben im Präteritum auf.

begann, ______________________

____

____

Du beschreibst die Tätigkeiten in der richtigen Reihenfolge.

4 Im Bericht findest du Zeitadverbien, die die Reihenfolge der Tätigkeiten verdeutlichen. Markiere diese Zeitadverbien.

So geht Celinas Bericht weiter:

Nach der Mittagspause erklärte mir Herr Böhm das Kommissionieren, also wie man eine Bestellung für einen Kunden bearbeitet. Zuerst gingen wir zu einem Regal. Ich sollte den bestellten Artikel und das Etikett am Regal scannen. Dann legte ich den Artikel auf die Karre, und weiter ging es zum nächsten Regal. Nacheinander suchten wir alle bestellten Artikel für den Kunden zusammen. Später druckte Herr Böhm den Zettel aus. Er überprüfte die Waren und die Bestellung noch einmal. Danach legte ich den Zettel zusammen mit den Waren in eine Kiste. Mit dem Automatik-Teil wurde die Kiste schließlich mit anderen Kisten zum Versand transportiert.

5 Welche Tätigkeit erklärte Herr Böhm Celina nach der Mittagspause? Markiere den Fachbegriff.

In einem Tagesbericht beschreibst du die Tätigkeiten genau und verwendest Fachbegriffe.

6 Schreibe die folgenden Fachbegriffe unter die passenden Bilder.

der Etagenwagen | das Förderband | der Lieferschein

7

8
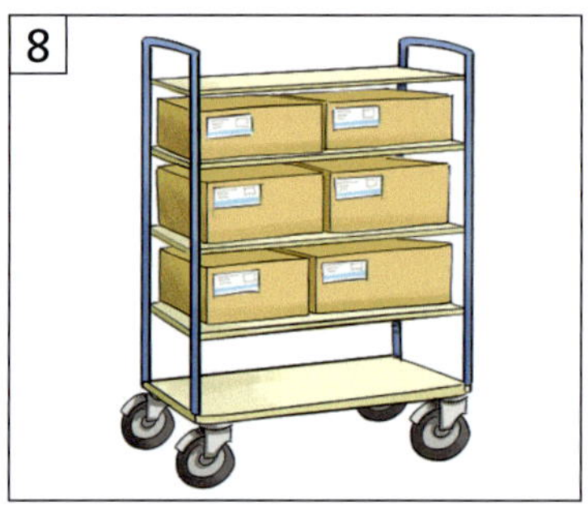

9
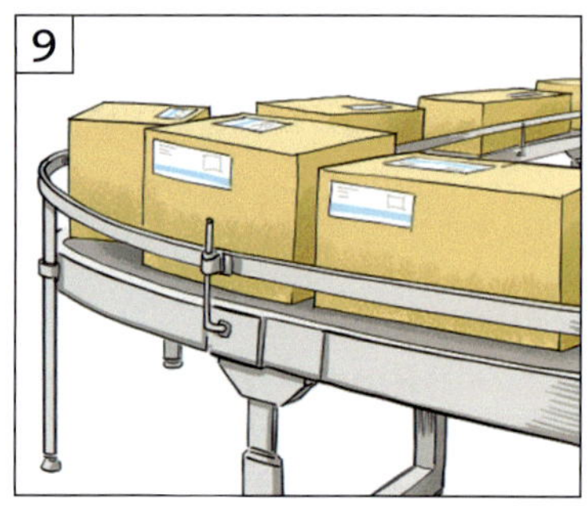

7 **a.** Markiere in Celinas Bericht die ungenauen Wörter.
b. Ersetze diese Wörter durch die Fachbegriffe. Schreibe die Sätze neu auf.

Dann legte ich den Artikel

So endet Celinas Bericht:

Am Nachmittag half ich beim Versand. Aber ich wäre viel lieber beim Kommissionieren geblieben. Ich packte die bestellten Waren in einen passenden Karton. Ich sicherte sie mit Luftpolstern. Ich legte den Lieferschein dazu und verschloss den Karton mit Klebeband. Ich stapelte die Kartons auf einen Hubwagen. Frau Aslan fuhr die Kartons zur Laderampe. Den Hubwagen fand ich super. Am Ende schaute ich zu, wie die LKW mit den Kartons beladen wurden. Es war ein anstrengender Tag. Um 15:00 Uhr hatte ich Feierabend.

Der Tagesbericht soll sachlich sein und nur das Wichtige enthalten.

8 Welche Sätze im Bericht sind nicht sachlich oder nicht wichtig?
Streiche diese Sätze durch.

Mit Zeitadverbien kannst du die Reihenfolge verdeutlichen.

9 Überarbeite die markierten Sätze. Verwende passende Zeitadverbien.

Zuerst packte ich ____________________

____

____

____

Nun kannst du Celinas Tagesbericht vollständig aufschreiben.

10 Überarbeite Celinas Bericht vollständig. Schreibe ihn in dein Heft.
Verwende deine Ergebnisse aus den Aufgaben 2 bis 9.
Tipp: Nutze die Checkliste.

Checkliste: Einen Tagesbericht schreiben	**Ja**	**Noch nicht**
Ich beantworte am Anfang des Berichts die W-Fragen: Wann? Wer ? Wo?	☐	☐
Ich berichte in der richtigen Reihenfolge und verwende Zeitadverbien.	☐	☐
Ich schreibe sachlich und nur das Wichtige.	☐	☐
Ich beschreibe die Tätigkeiten genau und verwende Fachbegriffe.	☐	☐
Ich schreibe im Präteritum.	☐	☐

Ein Tag in der Textilreinigung – sachlich berichten

Adrian macht ein Praktikum als Textilreiniger. Die Bilder zeigen einen Praktikumstag von Adrian in der Reinigung. Er möchte über diesen Tag einen Tagesbericht schreiben.

1 Welche Tätigkeiten hat Adrian in der Reinigung ausgeführt?

a. Sieh dir die Bilder an.

b. Schreibe in Stichworten unter den Bildern auf, was Adrian gemacht hat. Nutze den Wortspeicher.

Kleidungsstück in Folie hüllen und an Kunden ausgeben | Knöpfe mit einem Schutz umhüllen | Kleidung sortieren | gereinigte Kleidung kontrollieren | Kleidungsstück bügeln | Flecken individuell behandeln | Taschen kontrollieren | Chef beim Kundengespräch über die Schulter schauen | Pflegekennzeichen überprüfen | Wäsche in eine chemische Reinigungsmaschine geben

Ein Tagesbericht wird im Präteritum geschrieben und sollte sachlich sein.

2 Adrian erzählt seinem Freund Ole von seinem Tag in der Reinigung.
a. Lies, was Adrian seinem Freund erzählt.
Streiche alle Informationen, die nicht in einen Bericht gehören.
b. Formuliere die Sätze neu. Berichte sachlich und verwende das Präteritum.

Mein Chef, ein richtig cooler Mann, hat mir die Arbeiten erklärt und schon konnte ich loslegen.

Manche Kleidung war echt voll verdreckt.

Ich habe zig neue Sachen gelernt.

Die Sätze in einem Bericht sollen miteinander verknüpft werden, damit Zusammenhänge deutlich werden.

3 Verbinde die Sätze mit einem passenden Verknüpfungswort und schreibe sie neu in dein Heft.

weil, sodass, da, damit, dabei

A Ich reichte den Mitarbeitern die Wäsche an und schaute genau zu. Sie informierten mich über die einzelnen Verfahren.

B Ich umhüllte die Knöpfe mit Knopfschonern. So wurden die Kleidungsstücke im Verlauf der Reinigung nicht beschädigt.

C Vorher hatte ich die Wäsche in eine Kunststofffolie eingehüllt. So war sie vor Staub geschützt, bevor der Kunde sie abholen kommt.

Im Tagesbericht hältst du die Reihenfolge der Ereignisse ein.

4 Formuliere die folgenden Sätze abwechslungsreicher in deinem Heft.
Verwende dazu geeignete Satzanfänge, Adjektive und Adverbien.
Du kannst die Satzstellung auch verändern.

zunächst | im Anschlus | danach | schmutzig | zum Schluss | passend | unterschiedlichen

Ich nahm die Kleidungsstücke der Kunden entgegen. Ich überprüfte die Kleidungsstücke auf Flecken. Ich sortierte die Kleidungsstücke nach Farben und Materialien. Ich wählte das Programm der chemischen Reinigungsmaschine.

Adrian hat einen Tagesbericht über seinen vierten Praktikumstag geschrieben.

Achtung: Fehler!

Name: Adrian Meyer
Tagesbericht vom 25.05.20..
Um 9 Uhr habe ich mit der Arbeit begonnen. Zuerst schaue ich dem Chef, Herrn Meyer, über die Schulter, wenn die Kunden die Reinigung betreten und ihre Kleidung abgeben. Manche Sachen waren echt voll verdreckt! Und schon konnte ich loslegen.
Ich kontrollierte die Taschen. Dann umhüllte ich bei den Hemden die Knöpfe mit Knopfschonern, damit sie im Verlauf der Reinigung nicht total kaputtgehen.
Dann habe ich die Kleidung nach Art und Farbe sortiert und in die chemische Reinigungsmaschine gegeben. Ich wählte das passende Programm.
Um 12:30 Uhr begann dann auch schon die halbstündige Mittagspause.
Dann bügelte ich ein Hemd mit einem Bügeleisen. Das gelang mir nicht so gut und war halt nervig.
Dann behandelt mein Chef hartnäckige Flecken mit einem individuellen Reinigungsmittel vor – das nennt man „Detachieren“.
Nach der Reinigung habe ich die Wäsche auf Schäden gecheckt.
Am Nachmittag hüllte ich die gereinigte Wäsche in Kunststofffolie. So war sie vor Staub geschützt, bevor der Kunde sie abholen konnte. Um 16 Uhr habe ich Feierabend.

Adrian hat in seinem Tagesbericht viele Merkmale eines Berichts berücksichtigt.

5 Überprüfe den Tagesbericht von Adrian.
a. Welche Merkmale hat Adrian berücksichtigt? Kreuze an.
b. Welche Aspekte fehlen noch oder müssen verbessert werden? Kreuze an.

Checkliste: Einen Tagesbericht schreiben	Ja	Noch nicht / nicht richtig
Ich nenne den Beginn und das Ende der Arbeitszeit.	☐	☐
Ich halte die Reihenfolge der Ereignisse ein.	☐	☐
Ich berichte knapp und genau von meinen Tätigkeiten.	☐	☐
Ich berichte nur wichtige Dinge und schreibe sachlich.	☐	☐
Ich nenne wichtige Personen, Werkzeuge und Arbeitsmittel und verwende Fachbegriffe.	☐	☐
Ich verwende abwechslungsreiche Satzanfänge.	☐	☐
Ich schreibe im Präteritum.	☐	☐

Einige Informationen gehören jedoch nicht in einen Bericht und an einigen Stellen sollte Adrian sachlicher formulieren.

6 Überarbeite den Tagesbericht für Adrian. Schreibe in dein Heft.
a. Streiche unwichtige Aspekte durch.
b. Verbessere die Reihenfolge. Nummeriere die Sätze.
c. Kontrolliere, ob alle Verben in der richtigen Zeitform geschrieben sind.
d. Notiere verschiedene Satzanfänge. Nutze Zeitadverbien, um die Reihenfolge deutlich zu machen.

Entdeckt und erforscht – *sich und andere informieren*

In diesem Kapitel lese ich Sachtexte und Grafiken zu dem Thema „Entdeckt und erforscht".
Beim Lesen und Verstehen hilft mir der Lese-Profi.
Ich finde den Lese-Profi hinten auf der Umschlagseite.

Anschließend schreibe ich einen informierenden Text für die digitale Pinnwand der Schule.

Einen informierenden Text schreiben:

Schritt 1: **Vor dem Schreiben** Ich plane meinen Text.	– Ich sammle Informationen aus Sachtexten und Grafiken zum Thema. Ich notiere Stichworte. – Ich wähle wichtige und interessante Informationen für meinen Text aus. – Ich ordne die Informationen, zum Beispiel mithilfe einer Tabelle oder Mind-Map.
Schritt 2: **Beim Schreiben** Ich schreibe und nutze meine Notizen.	– In der **Einleitung** nenne ich das Thema meines Textes. – Im **Hauptteil** formuliere ich aus meinen Stichworten vollständige Sätze. Ich schreibe sachlich und verständlich. – Zum **Schluss** schreibe ich meine eigenen Gedanken oder einen zusammenfassenden Satz auf. – Ich finde nun noch eine **Überschrift**, die zu meinem Text passt.
Schritt 3: **Nach dem Schreiben** Ich überprüfe meinen Text. Ich berichtige Fehler.	Ich überprüfe meinen Text mithilfe folgender Fragen: • Enthält mein Text interessante Informationen? • Können andere meinen Text lesen und verstehen? • Habe ich alle Wörter richtig geschrieben?

Der stumme Frühling – mich und andere informieren

In der Schule gibt es eine Projektwoche zum Thema „Entdeckt und erforscht". Du liest dazu zwei Sachtexte und eine Grafik. Anschließend schreibst du einen Text für die digitale Pinnwand.

Schritte 1 und 2: Vor dem Lesen / Beim ersten Lesen

► Der Lese-Profi, hinten auf der Umschlagseite

1 **a.** Sieh dir das Bild an und lies die Überschrift.
b. Worum könnte es in dem Text gehen? Schreibe deine Vermutung auf.

____

____

2 Lies den Text Abschnitt für Abschnitt.

Vögel in Gefahr

(1) Umweltschützer machen sich große Sorgen um manche Vogelarten. So wird die **Zahl der Feldvögel** seit Jahren **immer kleiner**. In Deutschland gibt es heute zum Beispiel nur noch halb so viele Feldlerchen wie im Jahr 1980.

die Feldlerche

(2) Was sind die Gründe dafür? Feldvögel leben auf Wiesen und Feldern. Aber durch die Monokulturen*, zum Beispiel die riesigen Maisfelder, haben diese Vögel **keinen passenden Lebensraum** mehr. Es fehlen **Blumenwiesen, Wildkräuter und Sträucher**, damit die Vögel Nahrung finden und ihre Nester bauen können. Ein großes Problem ist es außerdem, dass **auf** den **Feldern sehr viele Pestizide**** eingesetzt werden. Dadurch **sterben** viele **Insekten**, die die Vögel als **Nahrung** brauchen. Besonders die Jungvögel können **ohne Insekten nicht überleben**.

*die Monokultur: große Felder in der Landwirtschaft, auf der jahrelang nur eine einzige Pflanzenart angebaut wird, z. B. nur Mais oder nur Weizen
**Pestizide sind Chemikalien. Sie werden auf die Felder gesprüht, um Pflanzen wie Mais oder Weizen vor Insekten und Keimbefall zu schützen.

3 Worum geht es in dem Text? Kreuze die richtigen Aussagen an.

Umweltschützer sind besorgt,
- ☐ weil die Zahl schädlicher Insekten zunimmt.
- ☐ weil die Zahl der Feldvögel abnimmt.

Feldvögel brauchen zum Überleben
- ☐ Insekten und unterschiedliche Pflanzen.
- ☐ große Maisfelder.

Schritt 3: Beim genauen Lesen

4 a. Markiere in Abschnitt (2) des Textes den Begriff Pestizide.
b. Schreibe die Bedeutung auf. Tipp: Die Erklärung unter dem Text hilft dir.

Pestizide ____

____.

5 Beantworte die W-Fragen mithilfe der Schlüsselwörter im Text.
a. Was brauchen Feldvögel in ihrem Lebensraum? Ergänze.

Feldvögel brauchen ____.

b. Warum wird die Zahl der Feldvögel immer kleiner? Ergänze die Sätze.

Nahrung, Insekten, Pestizide

In der Landwirtschaft werden sehr viele ____________________ eingesetzt.

Dadurch gibt es immer weniger ______________________________.

Deshalb finden die Feldvögel immer weniger ____________________.

Die Grafik gibt dir weitere Informationen zum Thema.

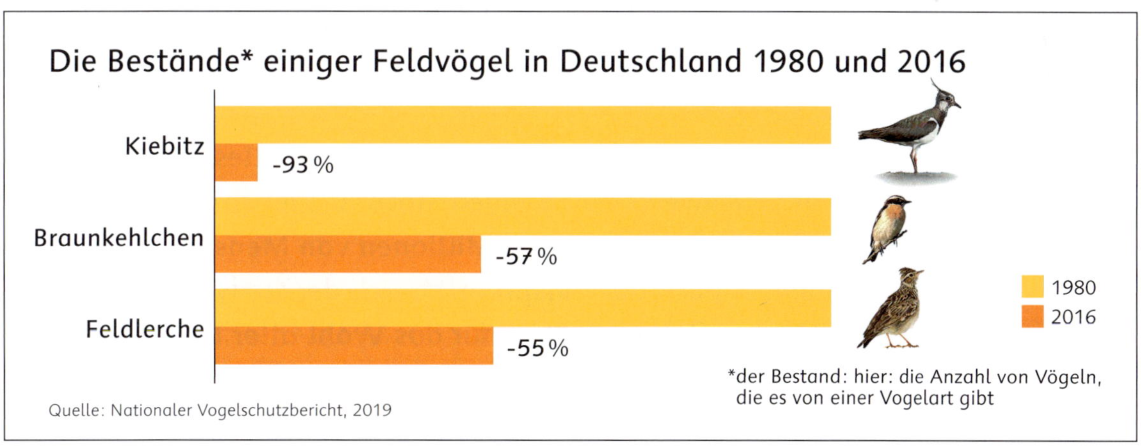

6 a. Was zeigt die Grafik? Kreuze an.
Die Grafik zeigt, dass die Zahl der Feldvögel in Deutschland seit 1980 …

☐ zunimmt. ☐ gleich bleibt. ☐ abnimmt.

b. Um welche Vogelarten geht es? Markiere diese in der Grafik.
c. Was kannst du über die Feldlerche und den Kiebitz sagen? Ergänze.

Der Bestand der Feldlerchen hat um ____% abgenommen.

Der Bestand der Kiebitze hat um ____% abgenommen.

Du liest nun einen Text über die amerikanische Wissenschaftlerin Rachel Carson. Sie erkannte früh, welche Gefahren von der Landwirtschaft für die Vögel ausgehen. Sie schrieb 1962 das Buch „Der stumme Frühling“.

7 Lies den Text mit den Schritten 1–3 des Lese-Profis.

▶ Der Lese-Profi, hinten auf der Umschlagseite

Rachel Carson

Rachel Carson und der stumme Frühling

(1) Rachel Carson wurde 1907 in Pennsylvania (USA) geboren. Nach einem erfolgreichen **Studium der Zoologie** zog Rachel wieder nach Hause zurück, um sich um ihre Mutter zu kümmern. Sie fand eine Stelle beim Rundfunk*, für den sie **Geschichten über Fische** schrieb. Niemand konnte so **spannend über Meeresbiologie erzählen** wie sie, und ihre Sendereihe „Romanzen unter Wasser“ wurde ein großer Erfolg. Rachel bewies damit, dass sie nicht nur eine herausragende **Wissenschaftlerin**, sondern auch eine begabte **Schriftstellerin** war.

(2) Jahre später zogen Rachel und ihre Mutter in eine kleine **Stadt auf dem Lande**. Dort fielen Rachel die schlimmen **Auswirkungen von Pestiziden** auf Pflanzen und Tiere auf. Zu jener Zeit war der großzügige Einsatz von **Chemikalien auf Feldern** als Pflanzenschutzmittel **gegen Insekten** weit verbreitet. Doch Rachel wies nach, dass diese Chemikalien **giftig für Pflanzen**, für **Vögel** und sonstige **Tiere** und auch für den **Menschen** waren. Sie schrieb ein Buch darüber unter dem Titel „Der stumme Frühling“.

(3) Die Hersteller von Pestiziden taten alles, um Rachel zum Schweigen zu bringen, doch Rachel **sprach weiter öffentlich** über ihre Erkenntnisse. **Millionen von Menschen** wurden durch dieses Buch dazu **inspiriert****, sich der Umweltbewegung anzuschließen und sich für das **Wohl aller Lebewesen auf der Erde**, nicht nur der Menschen, einzusetzen. V

*der Rundfunk: das Radio; ** inspiriert werden: angeregt werden

8 Was weißt du nun über Rachel Carson? Kreuze die passenden Antworten an.

Rachel Carson …
- ☐ lebte in den USA.
- ☐ arbeitete beim Fernsehen.
- ☐ war Wissenschaftlerin und außerdem Schriftstellerin.
- ☐ schrieb über Fische und Vögel.
- ☐ setzte sich für die Landwirtschaft ein.
- ☐ setzte sich für den Schutz von Pflanzen und Tieren ein.

9 Beantworte die W-Fragen zum Text.

a. Rachel Carson erforschte, wie sich Pestizide auf den Feldern auswirkten. Was entdeckte sie? Tipp: Lies noch einmal den Abschnitt (2).

Sie entdeckte, dass Pestizide sehr schädlich für ______________________

____ sind.

b. Welche Folgen hatte Rachel Carsons Forschung? Verbinde die Sätze.

Die Hersteller von Pestiziden	sprach öffentlich über das, was sie herausgefunden hatte.
Rachel Carson	wurden durch Rachel Carson angeregt, beim Umweltschutz mitzumachen.
Viele Menschen in den USA	wollten Rachel Carson zum Schweigen bringen.

c. Rachel Carsons Buch heißt „Der stumme Frühling".
Was könnte der Titel bedeuten? Schreibe deine Vermutung auf.

____

____

kein Vogelgesang, singende Vögel fehlen, Frühling ohne Vögel

Schritt 4: Nach dem Lesen
Du hast viel über Rachel Carson und ihre Forschung gelesen. Nun informierst du die anderen.

10 Ergänze den Text über Rachel Carson.
Finde auch eine passende Überschrift.

____

Rachel Carson lebte in den USA. Sie war Wissenschaftlerin und

______________________________. *Sie schrieb zum Beispiel über*

____.

Rachel Carson erforschte, wie sich Pestizide auf den Feldern auswirkten.

Sie entdeckte, dass Pestizide ______________________________

____.

Über dieses Thema schrieb Rachel Carson das Buch

____

Die Kunst des Tauchens – mich und andere informieren

In der Schule gibt es eine Projektwoche zum Thema „Entdeckt und erforscht". Dazu liest du einen Sachtext und eine Grafik. Danach schreibst du einen Text.

Schritte 1 und 2: Vor dem Lesen / Beim ersten Lesen

► Der Lese-Profi, hinten auf der Umschlagseite

1 a. Sieh dir die Bilder an. Lies die Überschrift.
b. Was interessiert dich an diesem Thema? Schreibe auf.

Mich interessiert ____________________.

2 Lies den Text Abschnitt für Abschnitt.

Die Kunst des Tauchens *Volker Thomas*

(1) ____________________

Die **Menschen** wollten schon immer wissen, was sich **unter der Meeresoberfläche** verbirgt: Seeungeheuer, Wassermenschen, Schätze? Die Mutigsten riskierten es einfach: Sie holten tief Luft, **hielten den Atem an** und kraulten in die Tiefe. Geübte **Taucher** konnten **minutenlang** mit angehaltenem Atem **unter Wasser** bleiben. Bereits in der **Steinzeit** haben Taucher so zum Beispiel **Muscheln, Schwämme und Perlen** gesammelt.

(2) ____________________

Von den **Griechen** wissen wir, dass sie vor rund 2500 Jahren **mit Kästen und Fässern** experimentierten*. Man stülpte sich ein **großes Gefäß über den Kopf** und stieg damit ins Wasser. Das Wasser drang ein, aber oben blieb eine **Luftblase zum Atmen**. Die Nachteile dieser Art Taucherglocke: Die **Luft** war **schnell verbraucht** und man kam wegen des Auftriebs **nicht** besonders **tief hinunter**.

(3) *Taucheranzug mit Atemschläuchen*

Auch der Maler und Wissenschaftler **Leonardo da Vinci** beschäftigte sich mit dem Tauchen. Um das Jahr 1500 konstruierte** er einen **Taucheranzug mit Glasscheiben** für die Augen. Der Mund des Tauchers war durch **Atemschläuche** mit der Oberfläche verbunden. Nun konnte der Taucher unter Wasser atmen. Aber **je tiefer** er kam, **desto größer wurde** der **Druck auf den Körper**, besonders auf die Lunge und die Ohren.

* experimentieren: durch Versuche ausprobieren
** konstruieren: bauen, entwickeln

(4) ______________________________

Es war der Erfinder **August Siebe**, der 1839 den ersten **geschlossenen Helmtaucheranzug** konstruierte**. Der Anzug war **mit** einer **Luftpumpe** an der Oberfläche **verbunden**. Durch diese Pumpe bekam der Taucher immer genau **so viel Luft**, wie er brauchte, um den **Druck durch das Wasser auszugleichen**. Über ein Jahrhundert lang blieb Siebes Anzug im Einsatz. Aber er hatte den Nachteil, dass der Taucher **nicht frei umherschweben** konnte, sondern immer mit der Oberfläche verbunden blieb. Zudem waren die Taucheranzüge **schwer** und **unhandlich**.

(5) ______________________________

Die Lösung schien ganz einfach zu sein: Die Luft musste mit unter Wasser. 1865 probierten zwei französische Erfinder Tauchgänge mit Druckluft-Behältern auf dem Rücken. Es dauerte aber noch einige Jahrzehnte, bis es gelang, Druckluft-Flaschen mit der richtigen Mischung aus Sauerstoff, Stickstoff und Helium zu befüllen. Das Gas wird stark zusammengepresst in die Flasche gefüllt. Ein Atemregler gibt das Gas dann geregelt an die Taucherinnen und Taucher ab. Dieser Atemregler, der das Luftholen unter Wasser einfacher und sicherer macht, wurde 1943 von dem Unterwasser-Pionier*** Jacques Cousteau und seinem Freund Émile Gagnan erfunden. Sie gaben ihrem Druckluft-Tauchgerät den Namen „Aqualung", also Wasserlunge. Zum ersten Mal konnten sich Menschen wie Fische elegant und frei schwebend unter Wasser bewegen.

** konstruieren: bauen, entwickeln
*** der Pionier: jemand, der etwas Neues entdeckt und damit die Forschung einen großen Schritt weiterbringt.

3 Worum geht es in den einzelnen Abschnitten des Textes?

a. Lies die blauen Schlüsselwörter in den Abschnitten (1) bis (4).

b. Markiere die Schlüsselwörter im Abschnitt (5).

c. Schreibe passende Zwischenüberschriften über die Abschnitte.

Taucheranzug mit Atemschläuchen | Neugierig auf die Welt unter Wasser | Taucheranzug mit Luftpumpe | Druckluft-Tauchgerät mit Atemregler | Experimente mit Gefäßen

Schritt 3: Beim genauen Lesen

4 Erkläre die Begriffe experimentieren (Zeile 9) und Unterwasser-Pionier (Zeile 40).
Tipp: Die Erklärungen unter dem Text helfen dir.

experimentieren: ______________________________

der Unterwasser-Pionier: ______________________________

____

5 Beantworte die W-Fragen zum Text.

a. Warum waren Menschen schon immer neugierig auf die Welt unter Wasser? Kreuze an.

Die Menschen wollten …
- ☐ unter Wasser Städte bauen.
- ☐ wissen, ob es Seeungeheuer, Wassermenschen und Schätze gibt.
- ☐ Muscheln, Schwämme und Perlen sammeln.

b. Wie nutzte man früher die ersten Taucherglocken? Beschrifte das Bild.

das Wasser,
ein Gefäß,
die Luftblase,
der Taucher

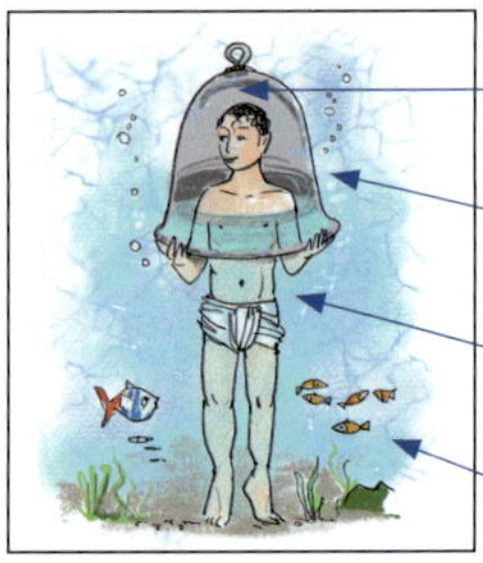

____

____

____

____

c. Welche Nachteile hatte diese Taucherglocke? Kreuze an.

- ☐ Die Taucherglocke war zu teuer.
- ☐ Die Luft war schnell verbraucht.
- ☐ Die Taucher konnten nicht sehr tief tauchen.
- ☐ In der Taucherglocke schwammen Fische.

d. Was weißt du über den Taucheranzug, den Leonardo da Vinci baute? Lies noch einmal den Abschnitt (3). Ergänze.

Druck, Glasscheiben, Atemschläuchen

Der Taucheranzug von Leonardo da Vinci

hatte ______________________________, durch die man

hindurchsehen konnte.

Mit ______________________________ im Mund konnten Taucher Luft holen.

Je tiefer sie tauchten, desto größer wurde aber der ____________ auf ihre Körper.

e. Der Helmtaucheranzug von August Siebe eröffnete neue Möglichkeiten für die Taucher. Aber dieser Taucheranzug hatte auch Nachteile.
Lies noch einmal den Abschnitt (4). Schreibe die Nachteile auf.

f. Was war das Besondere an der Aqualung von Jacques Cousteau?
Lies noch einmal den Abschnitt (5). Ergänze den Satz.

Ein Atemregler ______________________________ .

Taucher, Luft, geregelt abgeben

Die Grafik gibt dir weitere Informationen. Du liest, mit welchen Hilfsmitteln Menschen heutzutage die Meere erforschen.

Erforschung der Meere

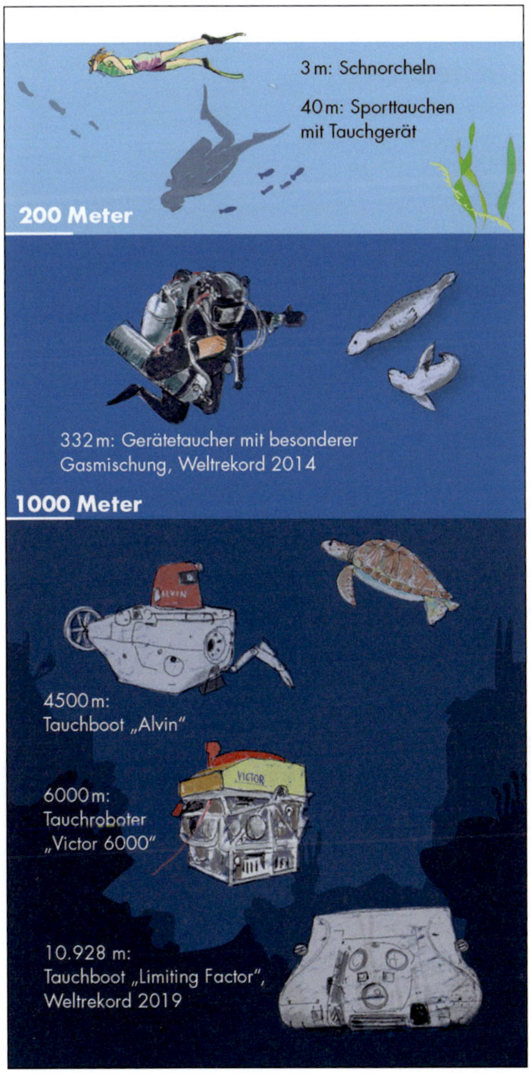

6 **a.** Was zeigt die Grafik?

Die Grafik zeigt ______________________________ .

b. Was bedeuten die Farben?

hellblau: *bis* ______________________________

blau: *200 m bis* ______________________________

dunkelblau: *ab* ______________________________

7 **a.** Wie tief kann ein Mensch mit Tauchgerät tauchen?

Ein Mensch kann ______________________________ .

b. Welche Tiefe erreichte das Tauchboot „Limiting Factor" 2019?

______________ Meter

Schritt 4: Nach dem Lesen
Du hast viel über das Tauchen und die Meerestiefen gelesen.
Die Informationen kannst du für deinen Text ordnen.

8 Was weißt du über die Entwicklung des Tauchens?
Wie tauchte man früher, wie taucht man heute?
Verbinde die Informationen, die zusammengehören.

Schritt 1: Planen

vor 2500 Jahren	Helmtaucheranzug mit Luftpumpe (August Siebe)
ungefähr im Jahr 1500	Taucherglocke: Gefäß mit Luftblase zum Atmen
1839	Taucheranzug mit Glasscheiben und Atemschläuchen (Leonardo da Vinci)
1943	Schnorchel, Tauchgerät mit einer besonderen Gasmischung, Tauchboot, Tauchroboter
bis in die heutige Zeit	Aqualung: Druckluft-Tauchgerät mit Atemregler (Jacques Cousteau)

Du schreibst nun einen Text über das Tauchen für die digitale Pinnwand der Schule.
Du schreibst den Text am Computer oder in dein Heft.

9 In der Einleitung nennst du das Thema.
Wähle einen Satz aus oder schreibe einen eigenen Einleitungssatz.

▶ Wissen kompakt, S. 25

Schritt 2: Schreiben

- ☐ *Dieser Text informiert darüber, wie sich das Tauchen im Laufe der Zeit entwickelt hat.*
- ☐ *In meinem Text möchte ich zeigen, welche Hilfsmittel zum Tauchen entwickelt wurden.*

10 Im Hauptteil informierst du genauer über die Entwicklung des Tauchens.
- Wähle mindestens drei Informationen aus Aufgabe 8 aus.
- Nutze auch deine Ergebnisse aus den Aufgaben 4 bis 7.
- Schreibe vollständige Sätze. Schreibe sachlich und verständlich.

11 Zum Schluss schreibst du deine eigenen Gedanken zum Thema auf.
Dazu kannst du eine der beiden Fragen beantworten:
- Mit welchen Hilfsmitteln würdest du selbst gerne einmal tauchen?
- Was findest du an dem Thema Tauchen besonders interessant?

12 Finde nun noch eine passende Überschrift für deinen Text.

13 **a.** Schreibe deinen Text vollständig am Computer oder in dein Heft.
b. Überprüfe den Text mit der Arbeitstechnik im Wissen kompakt auf Seite 25.

Schritt 3: Überarbeiten

Entdeckung des Penicillin – mich und andere informieren

In der Schule findet eine Projektwoche zum Thema „Entdeckt und erforscht" statt. Du bereitest für die virtuelle Plattform deiner Schule einen informierenden Text über eine bedeutende Entdeckung vor. Der folgende Sachtext liefert dir wichtige Informationen.

1 **a.** Sieh dir die Bilder an und lies die Überschrift.
b. Schreibe einen Satz auf, worüber der Text informiert.

▶ Der Lese-Profi, hinten auf der Umschlagseite

2 Lies den Sachtext Abschnitt für Abschnitt.

Antibiotika
Wie Alexander Fleming durch eine Schlamperei das Penicillin entdeckte

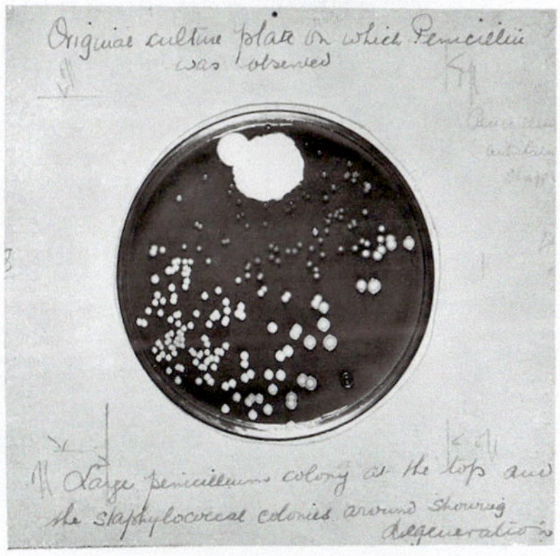

Manchmal entstehen **Wunder** ganz **zufällig**. Oder gar durch eine kleine Schlamperei. So geschehen 1928 am St. Mary's Hospital in London. Im September 1928 kehrt **der schottische Bakteriologe Alexander Fleming** (1881–1955) aus den Sommerferien in sein Labor zurück. Dort stößt er auf eine **Petrischale mit einer verschimmelten Bakterienkultur**; vor seiner Abreise hat Fleming mit dem Krankheitserreger *Staphylococcus aureus* experimentiert, und das Gefäß ist ungewaschen auf einem Labortisch stehen geblieben. Staunend stellt er nun fest: Eine **winzige Menge grüner Schimmelpilze** hat die **Bakterien zerstört**. Es gelingt ihm, die **bakterientötende Substanz** aus dem Schimmel zu **extrahieren**, er nennt sie: **Penicillin**.

[...] Flemings Veröffentlichungen finden zunächst kaum Beachtung. Erst der **Zweite Weltkrieg** verhilft seiner epochalen Entdeckung zum Durchbruch. Ein Forscherteam in Oxford um Howard Florey und Ernst Chain erkennt im Tierversuch, wie verblüffend **kraftvoll Penicillin** selbst **gegen aggressive, normalerweise todbringende Bakterien** wirkt. Den Forschern ist sofort klar, dass Penicillin eine wichtige Rolle in der Kriegsmedizin spielen wird. Allerdings: Es ist extrem mühsam, den Wunderstoff **in ausreichenden Mengen** zu **produzieren**. Das US-Militär beteiligt sich an der Suche nach einem Pilzstamm, der größere Mengen Penicillin produziert, sammelt weltweit Bodenproben.

Gefunden wird der Superschimmel dann, so heißt es, in einer verschimmelten Melone vor dem Institut. Endgültig gelöst wird das Mengenproblem, als die Amerikaner eine Methode entwickeln, den Pilz mittels Fermentation[1] zu züchten. Erste große Feldversuche finden 1943 auf den Schlachtfeldern Nordafrikas statt – mit spektakulärem Erfolg. Soldaten, denen die Ärzte früher Gliedmaßen amputiert hätten oder die an Wundbrand gestorben wären, überleben – dank Penicillin. Ab 1944 steigern die USA die Produktionsmenge so weit, dass schließlich auch die gesamte Zivilbevölkerung versorgt werden kann. [...]

Penicillin gilt in der zweiten Hälfte des 20. Jahrhunderts als Wunderheilmittel, ist eine der größten Innovationen[2] der Medizingeschichte, rettet unzählige Menschenleben. Flemings Zufallsfund revolutioniert die Behandlung von Infektionen, gegen die Ärzte zuvor nur schwer oder überhaupt nicht vorgehen konnten – etwa bakterielle Lungenentzündung, Scharlach, Syphilis oder Wundstarrkrampf.

Doch der Erfolg hat auch Schattenseiten, die „Wunderwirkung" der Antibiotika führte mit den Jahren zu einem ausufernden Einsatz. Mediziner verschreiben sie zu schnell und zu oft, in der Massentierhaltung werden sie flächendeckend ausgestreut. Folge: Gegen Antibiotika entwickeln sich immer mehr resistente Erreger, die Waffe wird stumpf. Heute sind die Forscher gezwungen, immer wirkungsvollere Varianten zu entwickeln. Fleming mahnt, sinngemäß, schon 1945, als er den Nobelpreis erhält: Wenn wir dieses Mittel verantwortungslos einsetzen, werden wir es wieder verlieren.

1 Fermentation = Umwandlung organischer Stoffe
2 Innovation = Neuerung

3 Markiere in den letzten drei Abschnitten die Schlüsselwörter.

4 Die Zwischenüberschriften fehlen im Text. Ordne die Zwischenüberschriften aus dem Wortspeicher richtig zu und ergänze die beiden fehlenden.

Penicillin als Wundermittel | *Schattenseiten des Erfolgs von Penicillin* | *Zufällige Entdeckung von Penicillin*

Abschnitt 1: ____________________

Abschnitt 2: ____________________

Abschnitt 3: ____________________

Abschnitt 4: ____________________

Abschnitt 5: ____________________

5 **a.** Beantworte die W-Fragen zum Text mithilfe der Schlüsselwörter.

- **Wann** und **wo** entdeckt Alexander Fleming die bakterientötende Substanz Penicillin?

- **Welche** Unachtsamkeit führt Fleming zur Entdeckung von Penicillin?

- **Wo** wird Penicillin zunächst bevorzugt eingesetzt?

b. Formuliere weitere W-Fragen in deinem Heft und beantworte sie ebenfalls.

6 Unbekannte Wörter kannst du oft aus dem Textzusammenhang erklären. Schreibe in dein Heft.

a. Erkläre die rot markierten Fachbegriffe „Substanz" und „extrahieren".

b. Erkläre die Aussage „Flemings Zufallsfund revolutioniert die Behandlung von Infektionen" (Z. 36 f.) mit eigenen Worten.

Über die Verwendung von Antibiotika, zu denen Penicillin gehört, informiert das folgende Schaubild.

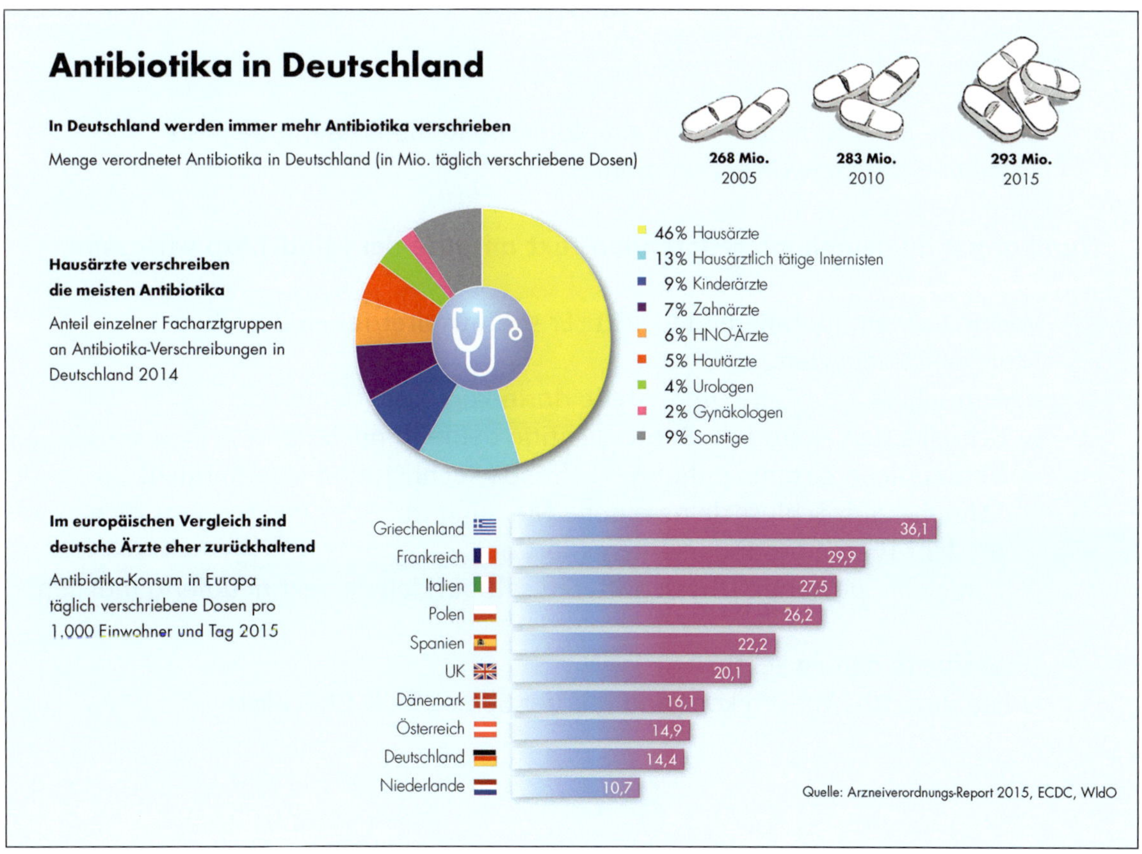

7 Erschließe die Informationen mithilfe des Lese-Profis für Grafiken. Beantworte die Fragen in deinem Heft.

▶ Der Lese-Profi für Grafiken, vorne auf der Umschlagseite

a. Du liest die Überschriften. Zu welchem Abschnitt des Sachtextes passen diese drei Grafiken?

Abschnitt: ____________________

b. Worüber informiert die erste Grafik?

c. Erschließe die Informationen des Kreisdiagramms (Grafik 2). In welchem Bezug steht die Gewichtung der Farben im Diagramm zu den Prozentangaben in der Legende?

d. Worüber informiert die dritte Grafik? Wende auch hier die Schritte 2 und 3 des Lese-Profis für Grafiken an.

e. Arbeite nun mit dem Inhalt der drei Grafiken weiter. Welche Informationen sind für dich wichtig?

Du hast viel über die Entdeckung des Penicillin und über Antibiotika erfahren.

8 Was hast du alles erfahren? Verschaffe dir einen Überblick.

a. Erstelle in deinem Heft eine Mind-Map nach folgendem Muster mit den wichtigsten Informationen.

b. Ordne die Informationen in eine logische Reihenfolge, indem du deine Schlüsselwörter nummerierst.

Nun kannst du deinen informierenden Text mithilfe der Mind-Map verfassen.

9 Verfasse einen informierenden Text. Er soll aus drei Teilen bestehen. Schreibe in dein Heft.

a. Formuliere eine Einleitung. Stelle darin kurz das Thema vor.

b. Schreibe den Hauptteil. Berücksichtige deine Mind-Map. Verdeutliche Zusammenhänge. Schreibe sachlich und verständlich.

c. Schreibe zum Schluss deine eigene Meinung auf oder erkläre, was dich an dem Thema besonders interessiert hat.

d. Finde eine passende Überschrift. Sie soll auf deinen Text neugierig machen.

10 Überarbeite deinen Text. Nutze dazu das Wissen kompakt auf der Seite 25 als Checkliste.

Besondere Augenblicke – *Kurzgeschichten verstehen, Figuren vorstellen*

In diesem Kapitel lese ich eine Kurzgeschichte. Ich lese etwas über die Hauptfigur und ihre Situation. Ich untersuche das Verhalten der Figur, ihre Gedanken und Gefühle.

Die Hauptfigur kann ich anderen in einem Text vorstellen.

Eine Figur schriftlich charakterisieren

die Einleitung: Ich nenne die Autorin/den Autor, den Titel der Kurzgeschichte und die Figur, die ich vorstelle. Ich beschreibe kurz ihre Situation.
der Hauptteil:
- Wenn es wichtig für das Verstehen ist, beschreibe ich das Aussehen der Figur.
- Ich beschreibe die Gedanken, Gefühle und Wünsche der Figur.
- Ich beschreibe das Verhalten der Figur und belege dies mit Textstellen.

der Schluss: Ich schreibe meine Meinung zu dieser Figur auf, zum Beispiel wie ich ihr Verhalten finde oder wie sie insgesamt auf mich wirkt.

Eine Kurzgeschichte erkenne ich an diesen Merkmalen:

Merkmale*	Beispiele
Am **Anfang** gibt es keine Einleitung. Man ist gleich mitten im Geschehen.	– *„Ich sitze im Zug nach Hause.“* – *„Es ist fast 20 Uhr, als Onkel Thomas …“* – *„Ale sah, dass seine Tante Lena …“*
Das **Ende** ist meistens offen.	*Man weiß nicht, was die Figur am Ende sagt oder was sie tut.*
Es geht um **Themen** aus dem Alltag der Figuren.	*eine Fahrt nach Hause, ein Blick in den Spiegel, eine Familienfeier*
Es stehen nur wenige **Figuren** im Mittelpunkt. Manchmal haben die Figuren keinen Namen.	– *ein Junge und ein Mädchen* – *Irina und ihr Onkel* – *Ale und seine Cousine*
Es gibt einen überraschenden **Wendepunkt**.	*Die Figur ändert ihre Meinung über einen anderen Menschen. Die Stimmung der Figur ändert sich.*

*In einer Kurzgeschichte müssen nicht alle Merkmale vorkommen.

Die Göre – eine Kurzgeschichte lesen, die Hauptfigur vorstellen

In dieser Kurzgeschichte erzählt ein Junge, was ihm auf seiner Zugfahrt nach Hause passiert.

1 a. Sieh dir das Bild an.
b. Wie wirken der Junge und das Mädchen auf dich? Schreibe deine Eindrücke auf.

2 Lies die Kurzgeschichte. Der Lese-Profi hilft dir dabei.

▶ Der Lese-Profi, hinten auf der Umschlagseite

Die Göre *Melanie Winter*

Ich sitze im Zug nach Hause. Ich bin müde, **will nur meine Ruhe haben**. Da setzt sie sich zu mir: das **Mädchen aus dem Wohnblock gegenüber**. Sie ist klein, mager, hässlich. Ich mag sie nicht. Obwohl ich sie eigentlich gar nicht kenne. Ich weiß nicht einmal, wie sie heißt. Deshalb nenne ich sie in Gedanken auch nur: die Göre*. Die Göre starrt mein Bein an, weil es voller Narben ist. „Wie ist das passiert?", fragt sie neugierig. „Moped-Unfall", sage ich nur. Ich mag nicht darüber reden. Ich kann mein Bein nicht mehr richtig gebrauchen. Das ist schlimm genug. Jetzt zeigt die Göre auf die Tüte, die ich dabeihabe. „Und was hast du da drin?", will sie wissen. „Eine neue Hose. Und ein weißes Hemd. Ich habe **morgen ein Bewerbungsgespräch für eine Lehrstelle**", erzähle ich. Natürlich weiß die Göre nicht, wie **wichtig** das Bewerbungsgespräch **für mich** ist. An so viele Betriebe habe ich Briefe geschickt und nach einer Lehrstelle gefragt. Nur diese eine Antwort habe ich bekommen. **Deshalb möchte ich morgen ordentlich aussehen.** […] Der Zug fährt in einen Bahnhof. Menschen steigen ein und aus. Dann fährt der Zug weiter. Jetzt höre ich Stimmen. Ich erkenne diese Stimmen wieder. Oh Gott! Bitte nicht!

* Ein freches, selbstbewusstes Mädchen wird manchmal abwertend als Göre bezeichnet.

Das sind die zwei Kerle**, die mir vor einigen Tagen die Schultasche weggenommen haben. „Krüppel“ haben sie mich genannt und mich beschimpft. Jetzt setzen die beiden Kerle sich zu uns. Sie fangen an, mich zu schlagen. Ohne Grund. Nur, weil ich mich nicht wehren kann. Sie schlagen und treten mich. Die Göre schreit vor Angst und läuft davon. Und dann werde ich ohnmächtig von den Schlägen. Als ich wieder zu mir komme, sind die beiden Kerle verschwunden. Aber – meine Tüte mit den neuen Sachen ist auch weg! Ich suche im ganzen Zugabteil danach. Überall. Unter den Sitzen, in den Gepäcknetzen, überall. Die Tüte ist weg. Nur die Schultasche von der Göre steht noch da. Sie hat sie beim Davonlaufen vergessen. Ich nehme die Tasche und steige aus. Humple nach Hause. Alles tut mir weh. Aber viel schlimmer ist, dass meine neuen Sachen weg sind. Wie soll ich das bloß meiner Mutter erklären? Ich komme in unsere Straße. Und da sehe ich sie – die Göre. Sie sitzt auf der Treppe vor dem Haus, in dem ich wohne. Sie schaut den Nachbarsjungen beim Ballspielen zu. Sie wartet auf mich. Und dabei hält sie meine Tüte umklammert. Ganz fest. V

** die Kerle: hier: gemeine, brutale Jugendliche

Der Junge ist die Hauptfigur. Wenn du ihn verstehen willst, untersuchst du seine Gedanken und Gefühle und wie er sich verhält.

3 In welcher Situation befindet sich der Junge am Anfang? Markiere die richtigen Aussagen.

Er fährt im Bus. | *Er sitzt im Zug.* | *Er ist müde.* | *Er ist nervös.*
Ein Mädchen aus der Klasse setzt sich zu ihm. |
Ein Mädchen aus der Nachbarschaft setzt sich zu ihm.

4 Was wünscht sich der Junge? Kreuze die richtigen Aussagen an.

- ☐ Er möchte etwas Aufregendes erleben.
- ☐ Er möchte in Ruhe nach Hause fahren.
- ☐ Er möchte morgen beim Bewerbungsgespräch gut aussehen.
- ☐ Er möchte morgen eine wichtige Prüfung schaffen.

5 Was denkt der Junge über das Mädchen?
Schreibe eine passende Textstelle auf.
Tipp: Lies noch einmal den Anfang der Geschichte auf Seite 40.

____

____

6 Das Mädchen ist neugierig und stellt dem Jungen Fragen.
Welche Informationen bekommst du dadurch über den Jungen?
a. Markiere die Informationen im Text auf Seite 40.
b. Beantworte die Fragen.

Warum hat der Junge die Narben am Bein? ______________________

____

Was hat der Junge in seiner Tüte? ______________________

____

____

Dann passiert etwas.

7 Zwei Kerle kommen in den Zug. Sie schlagen und treten den Jungen.
Wie reagiert der Junge? Wie reagiert das Mädchen? Ordne zu.

Der Junge ______________________.

Das Mädchen ______________________.

wird bewusstlos, schreit, läuft weg, wehrt sich nicht, nimmt die Tüte mit

8 Wie geht es dem Jungen, als die Kerle weg sind?
Markiere die Gedanken und Gefühle, die deiner Meinung nach zu ihm passen.

Der Junge …

- … ist wütend, weil die Göre weggerannt ist.
- … hat Angst, der Mutter zu erzählen, dass er verprügelt wurde.
- … bemerkt, dass die Göre weg ist, aber ihre Schultasche noch da steht.
- … ist ratlos, wie er der Mutter den Verlust der Sachen erklären soll.
- … glaubt, dass die Kerle seine Tüte mitgenommen haben.
- … sucht verzweifelt seine Tüte mit der neuen Kleidung.
- … hat überall Schmerzen.
- … lässt sich seine Schmerzen nicht anmerken.

9 Zu Hause sieht der Junge, dass das Mädchen seine Tüte hat.
Wie könnte er sich nun fühlen? Schreibe einen Satz.

überrascht, wütend, erleichtert, glücklich

Das Ende der Geschichte bleibt offen, denn wir wissen nicht, was der Junge zu dem Mädchen sagt.

10 Stell dir vor, du bist der Junge aus der Geschichte.
Was würdest du zu dem Mädchen sagen? Schreibe auf.

Du hast viel über den Jungen herausgefunden. Nun stellst du ihn vor.

11 Stelle den Jungen in einem Text vor. Schreibe in dein Heft.

a. Schreibe zuerst die **Einleitung**. Ergänze die Sätze.

Die Kurzgeschichte heißt „…" und ist von der Autorin …
Sie handelt von einem Jungen, der …

b. Beschreibe im **Hauptteil**, wie sich der Junge verhält. Schreibe auch etwas über seine Gedanken und Gefühle. Ergänze die Sätze.
Verwende deine Ergebnisse aus den Aufgaben 3 bis 9.

Der Junge möchte …
Er fühlt sich …
Er erzählt dem Mädchen, dass …
Als er von zwei Kerlen verprügelt wird, …
Am Ende fühlt sich der Junge …, weil …

12 Wie ist deine Meinung zu dem Verhalten des Jungen?

a. Kreuze die Aussage an, die für dich am besten passt.

b. Schreibe die Aussage als **Schluss** in dein Heft.

- ☐ Ich finde, dass sich der Junge fair verhält. Er nimmt die Schultasche des Mädchens mit, obwohl seine Tüte mit der neuen Kleidung weg ist.
- ☐ Ich finde, der Junge hätte sich wehren sollen. Er hätte sofort Hilfe oder die Polizei rufen sollen, damit diese Kerle gefasst werden.

Diese Nase! – eine Kurzgeschichte lesen, die Hauptfigur vorstellen

In dieser Kurzgeschichte geht es um die vierzehnjährige Irina, die sich Gedanken über ihr Aussehen macht.

1 **a.** Sieh dir die Bilder an und lies die Überschrift.

b. Worum könnte es in der Geschichte gehen? Schreibe deine Vermutung auf.

____

____

2 Lies die Kurzgeschichte. Der Lese-Profi hilft dir dabei.

▶ Der Lese-Profi, hinten auf der Umschlagseite

Nasen kann man so oder so sehen *Ingrid Kötter*

Es ist fast 20 Uhr, als Onkel Thomas aus Kanada zu Besuch kommt. Er will sofort Irina begrüßen. „Warte einen Augenblick!", bittet die Mutter. „Irina ist jetzt vierzehn. Das ist ein schwieriges Alter. Um 20 Uhr ist eine Klassenfete*. Mal will sie hingehen, dann wieder nicht. Sie hat eine fürchterliche Laune."

Irina steht in ihrem Zimmer vor dem Spiegel. In letzter Zeit steht sie oft dort. **Mürrisch**** **betrachtet sie ihr Gesicht** von allen Seiten. „Diese Nase!", flüstert sie. „Diese **entsetzlich große Nase!** Eine Nase wie Manuela müsste man haben." Alle Jungen in Irinas Klasse sind hinter Manuela mit der niedlichen Stupsnase und dem albernen Gekicher her.

Mit verbissenem Gesicht kratzt Irina an einem Pickel herum, befühlt eingehend ihre Nase und stöhnt. An manchen Tagen ist es wie verhext. Da kommt einfach alles zusammen: **Zwei neue Pickel, davon einer mitten auf der großen Nase**, die dadurch natürlich erst recht unangenehm auffällt. Und dann noch Onkel Thomas. Irina hat ihn mindestens drei Jahre nicht gesehen. Onkel Thomas ist Mutters jüngster Bruder. Er ist 23 Jahre alt, lebt in Kanada und hat die **dämliche Angewohnheit**, Irina bei jedem Wiedersehen hochzuheben und abzuküssen.

„**Ich mag diese Küsserei nicht**", sagt Irina zu ihrem Spiegelbild, geht zur Zimmertür und will sie abschließen. Das macht sie in letzter Zeit oft, wenn Besuch kommt, den sie nicht ausstehen kann.

* die Klassenfete: eine Party
** mürrisch: schlecht gelaunt

„Sei nett zu meinem Lieblingsbruder! Er kommt extra aus Kanada“, hat die Mutter gesagt. [...] Irina denkt: **Von mir aus kann er vom Mond kommen.** Sie will den Schlüssel im Schloss herumdrehen. – Zu spät! Onkel Thomas steckt seinen Kopf zur Tür herein: „Hallo, kann ich reinkommen?“ Schon ist er im Zimmer.

Sieht echt gut aus, der Typ. Hat **mächtig breite Schultern** gekriegt. Und dann der **Bart**! Mensch, **hat der sich verändert**. Er hebt Irina nicht hoch. Er küsst sie nicht ab. Er sieht mit ihr zusammen in den Spiegel, staunt, haut ihr kräftig auf die Schulter und sagt: „Meine Güte, du bist ja **eine richtig hübsche junge Dame** geworden!“

„Ach was! Quatsch keinen Käse!“, sagt die junge Dame und hält ihr Gesicht ganz dicht vor die Spiegelscheibe.

„Sieh dir diese Pickel an und meine Nase!“

„Pickel hatte ich in deinem Alter auch“, sagt Onkel Thomas. „Siehst du noch welche? Und was die Nase betrifft, tröste dich! Du bist ja erst vierzehn. **Du und deine Nase, ihr wachst ja noch.**“

Irina reißt entsetzt die Augen auf. „Wächst noch? Meine Nase? – Alles! Bloß das nicht!“

Sie betrachtet sich im Spiegel. Ihre Augen füllen sich mit Tränen.

„Na, na!“, sagt Onkel Thomas **„Ich finde deine Nase schon fast richtig, aber noch ein wenig zu klein.“**

„Zu klein????“ Irina wischt sich eine Träne ab und sieht ungläubig in den Spiegel.

„Na ja“, meint Onkel Thomas. „Man kann Nasen so und so sehen. Es kommt wohl auf den Betrachter an.“

„Wie siehst du es denn?“

„Also, wenn du mich fragst, ich kann zum Beispiel Frauen mit Stupsnasen nicht ausstehen. Kleine Mädchen mit Stupsnasen, na gut. Aber Frauen mit Stupsnasen sind für mich einfach unmöglich. Viel zu niedlich. Zu puppig. Keine frauliche Ausstrahlung. Magst du etwa Stupsnasen?“

„Ich? – Nein. – Eigentlich nicht.“ Irina strahlt ihren Onkel an, fällt ihm um den Hals und küsst ihn ab. „Oh, Onkel Thomas! Wenn du wüsstest! Du bist prima! Kannst ruhig mal wieder vorbeikommen! Tschüs! Ich muss weg. Wir haben jetzt 'ne Klassenfete!“ V

Irina ist die Hauptfigur in der Geschichte. Wenn du sie verstehen willst, untersuchst du ihre Gedanken und Gefühle und wie sie sich verhält.

3 In welcher Situation befindet sich Irina?
Markiere die richtigen Aussagen.

Irina ist in ihrem Zimmer. | *Irina ist auf einer Klassenfete.* | *Sie freut sich auf ihren Onkel.* | *Sie will ihren Onkel nicht sehen.* | *Irina probiert Kleidung an.* | *Irina sieht sich im Spiegel an.*

4 Was wünscht sich Irina? Kreuze die passenden Aussagen an.

- ☐ Sie möchte hübscher aussehen.
- ☐ Sie möchte mit ihrer Mutter über ihre Probleme sprechen.
- ☐ Sie möchte allein in ihrem Zimmer sein.

5 Was denkt Irina am Anfang? In welcher Stimmung ist sie? Ergänze.

zu groß, zu klein, schlecht gelaunt, gereizt, aufgeregt, zufrieden, genervt

Irina findet ihre Nase ____________________.

Irina ist außerdem ____________________, weil sie ausgerechnet vor der Klassenfete Pickel im Gesicht hat.

Sie ist ____________________, weil ihr Onkel zu Besuch ist.

6 Irina will ihren Onkel zuerst überhaupt nicht sehen.
Markiere zwei Textstellen, die Irinas Meinung zeigen.

7 Als Irina ihren Onkel sieht, ändert sie ihre Meinung.
Was denkt Irina nun über ihren Onkel?
Lies noch einmal die Zeilen 31–32. Notiere Stichworte aus dem Text.

sieht echt gut aus, ____________________

____

8 Was sagt Onkel Thomas über Irinas Aussehen? Schreibe zwei Textstellen auf.

____

____

9 „Man kann Nasen so und so sehen. Es kommt wohl auf den Betrachter an." (Zeilen 50–51) Erkläre, was Onkel Thomas damit meint.

____

____

Die Stimmung der Hauptfigur ändert sich plötzlich.

10 Wie fühlt sich Irina am Ende der Geschichte?
Lies noch einmal die Zeilen 58–62. Schreibe einen Satz auf.

11 Stell dir vor, du bist Irina. Wie geht es dir nach dem Gespräch mit deinem Onkel?
Schreibe deine Gedanken und Gefühle auf.

Ich hätte nicht gedacht, dass

Du hast viel über die Hauptfigur herausgefunden. Jetzt stellst du sie vor.

12 Stelle das Mädchen Irina vor. Schreibe im Präsens.
Schreibe den Text in dein Heft.

▶ Wissen kompakt, S. 39

a. Nenne in der **Einleitung** den Titel der Kurzgeschichte, die Autorin und die Hauptfigur. Schreibe kurz, worum es geht.

Die Kurzgeschichte heißt „…" und ist von der Autorin …
Sie handelt von Irina, die …

b. Beschreibe im **Hauptteil**, wie sich die Hauptfigur verhält.
Schreibe auch etwas über ihre Gedanken und Gefühle.
Verwende deine Ergebnisse aus den Aufgaben 3 bis 10.

Irina ist unzufrieden, weil … Sie möchte …
Dann steht sie mit ihrem Onkel vor dem Spiegel und …
Der Onkel meint, dass …
Am Ende fühlt sich Irina …

c. Schreibe zum **Schluss** auf, welchen Eindruck du von der Hauptfigur hast.
Du kannst einen Satzanfang auswählen.

Meiner Meinung nach ist Irina … | Mir gefällt an Irina, dass … |
Ich würde sie gerne fragen, …

Holundersuppe – eine Kurzgeschichte verstehen, eine Figur vorstellen

In der Kurzgeschichte Holundersuppe von Malin Schwerdtfeger begegnen sich alle Familienmitglieder anlässlich des Geburtstages der Oma von Ale und Rina.

1 Lies die Kurzgeschichte. Der Lese-Profi hilft dir dabei.

▶ Der Lese-Profi, hinten auf der Umschlagseite

Holundersuppe *Malin Schwerdtfeger*

Ale sah, dass seine Tante Lena aufstand und zu einer Rede ansetzte. Wenn in dieser Familie jemand eine Geburtstagsrede hielt, endete es immer damit, dass entweder das Geburtstagskind weinend aus dem Zimmer rannte oder der Redner selbst. Doch Tante Lena schien aus dieser Erfahrung nichts gelernt zu haben. Sie ließ sich weiterhin keine Gelegenheit entgehen, eine Rede zu halten. Und jedes Mal unterbrach Ales Mutter sie, weil sie ihre Schwester bei einer Lüge oder Übertreibung ertappt hatte. **Jetzt tat Tante Lena ihm ein bisschen leid.** Sie stand da, dicklich und unglücklich, und wusste nicht mehr, was sie eigentlich hatte sagen wollen, während Zia triumphierend in sich hineinlächelte, weil sie offenbar fand, dass sie erfahrener, hübscher und klüger war als ihre Schwester.
Ale fühlte, wie **seine Cousine neben ihm in sich zusammensackte**. Rina hieß sie, eigentlich Katharina, aber **als kleines Kind hatte sie ihren Namen selbst abgekürzt, weil sie kein K sprechen konnte**.
Ale hatte seine Cousine nicht mehr gesehen, seit er sieben war. Doch, einmal noch waren sie sich begegnet, vor zwei Jahren auf der Beerdigung ihres Großvaters. Aber da hatten sie kein Wort miteinander gesprochen. **Diesmal hatte Ale wenigstens versucht mit ihr zu reden**, aber **Rina schien nicht an einem Gespräch über Fliederbeersuppe[1] interessiert**. **Wie dumm von mir, dachte Ale, Fliederbeersuppe.** Gerade, als er überlegte, ob er einen zweiten Versuch machen sollte, **stand Rina auf und ging**. **Ale wünschte, er wäre auf dieselbe Idee gekommen.**

Er erinnerte sich an die Beerdigung seines Großvaters. Auch da war ihm nichts Vernünftiges eingefallen, das er hätte sagen können, weder zu Rina noch zu seiner Großmutter. Er erinnerte sich daran, dass Rina irgendwann zur Großmutter hingegangen war und sie umarmt hatte, einfach so. Es war genau das Richtige gewesen, aber ihm war es nicht in den Sinn gekommen.
Ale war sich sicher, dass die Großmutter Rina lieber hatte als ihn. Rina sprach nicht viel, aber sie hatte etwas Warmes, Sanftes an sich. Sie schien immer genau das Richtige zu tun, mit Leichtigkeit, während Ale viel zu lange über alles nachdachte. Irgendwann, als er noch klein gewesen war, hatte er beschlossen, seine Cousine nicht zu mögen. Warum, das wusste er selbst nicht mehr so genau. Er hatte fast so etwas wie Angst vor ihr gehabt. Einmal hatte er sich sogar auf der Toilette versteckt, um nicht mit ihr spielen zu müssen. Seine Mutter hatte ihn gefunden und zurück ins Wohnzimmer geschleppt, und daraufhin hatten beide lustlos unter Aufsicht ihrer schweigenden Mütter ein Puzzle gelegt.

Während er mit halber Aufmerksamkeit seiner Mutter zuhörte, die offenbar gerade dabei war, ihre Schwester eines Diebstahls zu bezichtigen[2], sah Ale aus dem Fenster. Er sah, wie Rina draußen quer über den Rasen lief. Ganz hinten im Garten des Gasthauses „Zum Kutscher" stand eine alte Schaukel, das wusste Ale noch vom letzten Mal. Plötzlich bekam er große Lust zu schaukeln, obwohl er fast dreizehn war und seit Jahren auf keiner Schaukel mehr gesessen hatte. Ale stand auf, lächelte seiner Großmutter zu, die versonnen die Überreste ihres Kloßes unter die Suppe rührte, und ging hinaus. Eigentlich hatte er Holundersuppe nie besonders gern gemocht.

[1] Fliederbeersuppe = anderes Wort für Holundersuppe
[2] bezichtigen = jemanden beschuldigen, etwas behaupten

2 Welchen anderen Titel könntest du der Kurzgeschichte geben?

____

3 **a.** Notiere in deinem Heft: Wer ist die Hauptfigur? Welche weiteren Figuren kommen in der Geschichte vor?
b. In welchem Verwandtschaftsverhältnis stehen sie zueinander?

Mithilfe der Handlungsbausteine erfasst du das Wichtigste der Handlung.

4 Wovon handelt die Geschichte?

a. In welcher besonderen Situation befindet sich die Hauptfigur?

____

b. Was wünscht sich die Hauptfigur? Nenne die Textstelle.

____

> **die Handlungsbausteine:**
> - die Hauptfigur und die Situation
> - der Wunsch
> - das Hindernis
> - die Reaktion

c. Begründe, warum sich die Figur das vermutlich wünscht.

Die Hauptperson wünscht sich ______________________________,

weil sie vermutlich ______________________________.

d. Warum erfüllt sich ihr Wunsch nicht? Benenne das Hindernis.

Die Hauptfigur ______________________________

______________________________.

e. Wie reagiert die Hauptfigur am Ende der Geschichte? Notiere Stichworte.

____

Ale vergleicht sich in seinen Gedanken mit seiner Cousine Rina.

5 Markiere alle Informationen über Ale blau und über Rina rot.

6 **a.** Erstelle in deinem Heft eine Tabelle nach dem Muster und trage die Informationen zu den beiden Figuren in die jeweils linke Spalte ein.

Ale		Rina	
Textstelle	**Aussage**	**Textstelle**	**Aussage**
„Jetzt tat Tante Lena ihm ein bisschen leid.“ (Z. 7)	hat Mitgefühl für andere	„als kleines Kind hatte sie […], weil sie kein K sprechen konnte“ (Z. 12/13)	ist selbstbewusst

b. Die Informationen sagen etwas über den Charakter der beiden Figuren aus. Ergänze die jeweils rechte Spalte der Tabelle. Nutze die Wortliste.

unsicher | zurückhaltend, spricht wenig | nachdenklich | ängstlich | eifersüchtig | sanft

7 Versetze dich in die Situation von Ale, bevor er in den Garten geht.
a. Welche Gedanken und Gefühle hast du? Notiere Stichworte.
b. Schreibe einen kurzen inneren Monolog, in dem du auf die Familienfeier zurückblickst. Verwende deine Ergebnisse aus den Aufgaben 3 bis 6.

Du hast viel über Ale herausgefunden. Jetzt stellst du ihn schriftlich vor.

8 Erstelle eine Mind-Map mit Informationen über Ale.

Schritt 1: Planen

- Übertrage die Äste mit den Oberbegriffen in dein Heft.
- Ergänze deine Ergebnisse aus den Aufgaben 3 bis 6.
- Schreibe passende Zeilenangaben dazu.

9 Stelle die Hauptfigur schriftlich vor. Schreibe im Präsens.

Schritt 2: Schreiben

a. Nenne in der Einleitung die Autorin, den Titel, die Textsorte und die Figur, die du vorstellen willst. Schreibe knapp, worum es geht.
In der … von … geht es um …

b. Beschreibe im Hauptteil Ale. Verwende deine Mind-Map. Belege deine Aussagen.
c. Fasse zum Schluss deinen Gesamteindruck zu Ale zusammen und begründe ihn.
d. Überarbeite deinen Text.

Schritt 3: Überarbeiten

Kurzgeschichten haben bestimmte Merkmale.

▶ Wissen kompakt, S. 39

10 **a.** Streiche die Merkmale durch, die auf Holundersuppe nicht zutreffen.
b. Wähle zwei Merkmale aus und begründe, warum diese zutreffen.

unmittelbar im Geschehen | offenes Ende | Alltagsthema | wenige Figuren | erzählte Zeit ist kurz | überraschende Wendung am Ende | personaler Erzähler

Leben in der fernen Zukunft – *Inhalte zusammenfassen*

In diesem Kapitel lese ich Ausschnitte aus einem Jugendbuch.
Ich lese etwas über die Hauptfigur, die in einer uns fremden Welt lebt.

Die Handlungsbausteine helfen mir, das Jugendbuch zu verstehen.

Die Handlungsbausteine	Die Fragen
die Hauptfigur und die Situation	– Wer ist die Hauptfigur? – In welcher Situation befindet sich diese Figur? – Wie geht es ihr?
der Wunsch	– Welchen Wunsch hat die Figur?
das Hindernis / das Problem	– Auf welche Hindernisse stößt die Figur? – Welches Problem hat sie?
die Reaktion / der Lösungsweg	– Wie überwindet die Figur die Hindernisse? – Wie löst sie das Problem?
das Ende	– Wie endet der Buchausschnitt?

Mit einer Inhaltsangabe kann ich andere über das Jugendbuch informieren.
Die Inhaltsangabe besteht aus einer Einleitung, einem Hauptteil und einem Schluss.

Die Einleitung – enthält Informationen über den Titel, die Autorin/den Autor und das Thema. – ist möglichst kurz (ein bis drei Sätze).	*Das Buch „20.000 Meilen unter dem Meer" wurde von Jules Verne geschrieben. Es handelt von Kapitän Nemo, der mit seinem Unterseeboot, der „Nautilus", durch die Meere fährt.*
Der Hauptteil – fasst die Handlung kurz zusammen. – enthält nur wichtige Informationen. – ist im Präsens (Gegenwart) geschrieben.	*Drei Männer erleiden auf einer Forschungsreise Schiffbruch und werden von Kapitän Nemo gerettet. Sie dürfen aber die „Nautilus" nicht mehr verlassen und müssen eine Weltreise unter Wasser mitmachen.*
Der Schluss – kann meine eigene Meinung zum Buchausschnitt darstellen. – kann eine Leseempfehlung sein.	*Ich würde gerne das ganze Buch lesen, weil …* *Ich möchte das Buch nicht lesen, weil …* *Das Buch ist interessant, weil …*

Schattenkinder Seite 52
Schattenkinder Seite 55
Flawed Seite 59

Schattenkinder – einen Jugendbuchausschnitt lesen, den Inhalt zusammenfassen

Luke ist zwölf Jahre alt. Er ist das dritte Kind der Familie Garner, obwohl die Regierung jeder Familie nur zwei Kinder erlaubt. Luke darf nicht entdeckt werden, denn dann droht eine harte Strafe. Eines Tages wird der Wald hinter dem Haus seiner Familie abgeholzt. Dies hat schlimme Folgen für Luke.

1 **a.** Sieh dir das Bild an und lies die Überschrift.
b. Lies nun den Text.

Schattenkinder *Margaret Peterson Haddix*

Luke lag bäuchlings auf dem Boden und schob die Spielzeugeisenbahn in der Spur gelangweilt vor und zurück. […] **Draußen** brach ein **wunderschöner Tag** an, mit flauschigen Wolken an einem ach so blauen Himmel und einem lauen Wind, der das Gras im Garten hinter dem Haus zum Rascheln brachte. Luke hatte **das Haus seit einer Woche nicht verlassen** und er konnte fast hören, wie die Welt draußen nach ihm rief. Dabei durfte er sich jetzt **nicht einmal mehr in einem Zimmer mit unverhängtem* Fenster** aufhalten. V

*unverhängt: ohne Vorhang, ohne Gardinen

2 Luke ist allein in seinem Zimmer. Was könnte er denken? Markiere die passenden Gedanken.

die Handlungsbausteine:
- die Hauptfigur und die Situation

Endlich habe ich die Eisenbahn mal für mich alleine.

Es ist schlimm. Jetzt war ich schon so lange nicht mehr draußen.

Es ist so schön draußen. Und ich darf noch nicht mal in ein Zimmer ohne Vorhänge gehen.

Hier drinnen ist es so schön ruhig.

3 In welcher Situation befindet sich Luke deiner Meinung nach? Ergänze den Satz.

Luke ist ______________________, weil ____________
____
____.

unzufrieden, unglücklich, wütend

In dieser Situation denkt Luke zurück an einen Streit, den er morgens mit seinem Vater hatte.

4 Lies von dem Streit zwischen Luke und seinem Vater.

„Du willst wohl **unbedingt entdeckt werden**?", hatte der Vater an jenem Morgen gebrüllt, als Luke das Rouleau** des Küchenfensters ein paar Zentimeter angehoben und **sehnsüchtig hinausgestarrt** hatte.

Luke zuckte zusammen. Er war so sehr in **die Vorstellung** vertieft gewesen, **barfuß durch das Gras zu laufen**, dass er fast vergessen hatte, dass außer ihm noch jemand im Haus war.

„Draußen ist keiner", sagte er und sah nochmal hinaus, um sich zu vergewissern. Er hatte versucht, nicht weiter als bis zum aufgerissenen Gartenende zu blicken, nicht hinaus auf das niedergewalzte Durcheinander aus Zweigen, Stämmen, Blättern und Erde, das einmal **sein geliebter Wald** gewesen war.

„Ach ja?", sagt der Vater. „Ist dir je in den Sinn gekommen, dass, wenn dort doch mal **einer auftaucht, der dich vielleicht eher sieht als du ihn**?"

Er packte Luke am Arm und riss ihn einen guten halben Meter zurück. Das losgelassene Ende des Rouleaus schlug klappernd gegen den Fenstersims.

„Du siehst überhaupt nicht mehr hinaus", befahl der Vater. „Das meine ich ernst. Von jetzt an **bleibst du von den Fenstern weg**. Und du kommst nicht eher ins Zimmer, **bis das Rouleau runtergelassen oder der Vorhang vorgezogen ist**."

„Aber dann kann ich doch gar nichts sehen", protestierte*** Luke.

„**Besser, als verhaftetet zu werden**", erwiderte der Vater.

Er klang, als habe er Mitleid mit Luke, aber das machte die Sache nur noch schlimmer. Luke drehte sich um und ging weg, **aus Angst, er könnte** vor seinem Vater **anfangen zu weinen**.

Jetzt gab er der Spielzeugeisenbahn einen Schubs und sie kippte vom Gleis. Mit kreisenden Rädern landete sie auf dem Rücken.

„Was soll's", murmelte Luke.

**das Rouleau: das Rollo
***protestieren: sich beklagen, sich beschweren

Die Handlungsbausteine helfen dir, den Text besser zu verstehen.

5 Luke sieht sehnsüchtig aus dem Fenster. Was wünscht er sich? Lies noch einmal die Zeilen 14 bis 16. Ergänze den Satz.

• der Wunsch

Luke hat den Wunsch, ____
____.

6 Lukes Wunsch lässt sich nicht erfüllen. Welche Gefahren sieht sein Vater? Kreuze die richtigen Sätze an.

• das Problem / das Hindernis

- ☐ Luke könnte von jemandem entdeckt werden.
- ☐ Luke könnte krank werden.
- ☐ Luke könnte verhaftet werden.

7 Der Vater ist sehr wütend auf Luke.

a. Lies noch einmal im Text, was der Vater sagt.

b. Markiere die Befehle des Vaters.

Du bleibst in deinem Zimmer. | *Du bleibst von den Fenstern weg.* | *Du siehst gar nicht mehr hinaus.* | *Du gehst nur noch nachts hinaus.* | *Du kommst erst ins Zimmer, wenn der Vorhang zugezogen ist.*

8 Zuerst beschwert sich Luke, dann geht er weg. Woran erkennst du, dass Luke traurig ist? Finde die Stelle im Text. Schreibe sie in deinen Worten auf.

• die Reaktion

Luke ____
____.

9 **a.** Lies noch einmal das Ende des Textes (Zeilen 37–39).

b. Warum reagiert Luke so? Schreibe deine Vermutung auf.

• das Ende

Luke stößt die Eisenbahn um, weil ___________________________________
____.

wütend, verzweifelt, ratlos, gelangweilt

10 Du kannst den Inhalt des Buchausschnitts kurz zusammenfassen.

a. Lies die Sätze. Streiche die falschen Wörter durch.

Luke ist das einzige/dritte Kind in seiner Familie. Jeder/Niemand darf wissen, dass es ihn gibt. Luke hat das Haus seit einer Woche / seit einem Tag nicht mehr verlassen. Er wäre gerne drinnen/draußen, aber sein Vater verbietet es ihm. Luke darf nicht einmal aus dem Fenster rufen/sehen.

b. Schreibe den Text richtig in dein Heft.

Schattenkinder – einen Jugendbuchausschnitt lesen, den Inhalt zusammenfassen

Der zwölfjährige Luke ist das dritte Kind der Familie Garner. Aber jede Familie darf nur zwei Kinder haben. Wer gegen diese Regel verstößt, wird von der Regierung hart bestraft. Deshalb muss sich Luke immer im Haus verstecken.
Eines Tages entdeckt Luke auch im Nachbarhaus ein drittes Kind. Er schleicht sich hinüber und bricht in das Haus ein.

1 Sieh dir die Bilder an. Lies die Überschrift und den Text.

Schattenkinder *Margaret Peterson Haddix*

Bei all seinen Plänen war Luke nie auf die Idee gekommen, dass die Fliegengittertür verschlossen sein könnte. […] *Idiot*, beschimpfte er sich selbst. Er zog fester an der Tür, aber er war zu verwirrt, um mit beiden Händen gleichzeitig zu arbeiten. Mit jeder Sekunde **stellten sich die Haare in seinem Nacken ein wenig mehr auf**. Er hatte sich **in seinem ganzen Leben noch nie derart offen gezeigt**. *Beeil dich. Beeil dich. Sieh zu, dass du verschwindest …* Die Tür gab nicht nach. Er musste umkehren. Sofort. Das sagte ihm sein Verstand. Seine Hand aber schlug durch das Fliegengitter. Er bog das Drahtgeflecht beiseite und griff durch den Türrahmen. Das scharfe Drahtgitter zerkratzte ihm den Handrücken und den Arm, aber er machte weiter. Er fingerte so lange am Schloss auf der Innenseite der Tür herum, bis er es klicken hörte. Leise schob er die Tür auf, glitt hinter die Jalousie und ins Haus der Sport-Familie*.

Auch wenn sämtliche Fenster dicht verhängt waren, wirkte der Raum, den er betrat, luftig und hell. […] Luke wäre wohl für immer staunend an der Tür stehen geblieben, hätte nicht in einem anderen Zimmer jemand gehustet. Dann hörte er ein merkwürdiges *Pi-pi-pi-piiep*. Auf Zehenspitzen schlich er weiter. **Lieber selbst jemanden entdecken, als entdeckt zu werden.** V

*So nennt Luke die Nachbarn, weil er nicht weiß, wie sie heißen.

2 Luke ist die Hauptfigur. Wie wirkt Luke auf dich?

Luke wirkt auf mich ______________________________
____.

mutig, voller Angst, fest entschlossen

Luke geht den langen Flur entlang bis zum anderen Ende.

[…] **Mit angehaltenem Atem** blieb Luke vor dem Zimmer stehen und **nahm seinen ganzen Mut zusammen**, um hineinzuspähen. **Sein Herz klopfte wie wild.** Noch konnte er sich ungesehen davonmachen, **zurück nach Hause**, auf seinen Dachboden, **in sein normales, sicheres Leben**. […]

Langsam beugte sich Luke vor, schob sich Millimeter um Millimeter nach vorn, bis er gerade eben um die Tür herumsehen konnte. Im Zimmer befanden sich ein Stuhl, ein Schreibtisch und ein großer Apparat, von dem Luke vermutete, dass es ein Computer sein musste. Und vor dem Computer saß, heftig in die Tasten hauend, ein Mädchen.
Luke blinzelte verblüfft. Irgendwie war er nie auf die Idee gekommen, das dritte Kind der Sport-Familie könnte ein Mädchen sein. […] Er errötete. Dann musste er schlucken.
Das Mädchen wandte den Kopf.
„Ich …", krächzte Luke.
Ehe er sich auch nur auf ein weiteres Wort besinnen konnte, war das Mädchen schon quer durch den Raum geschossen und hatte ihn umgeworfen. Sie **drückte ihn auf den Boden**, drehte ihm die **Arme auf den Rücken** und presste sein **Gesicht in den Teppich**. Luke versuchte verzweifelt, den Kopf zu drehen, um Luft zu holen.

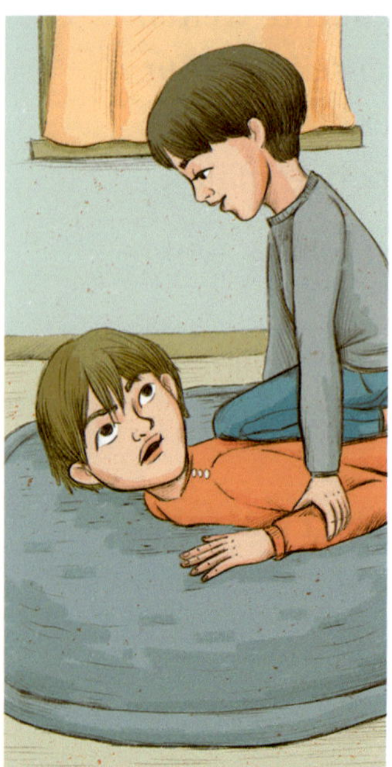

„So", zischte ihm das Mädchen ins Ohr. „Du glaubst also, du kannst dich einfach an ein armes, unschuldiges Mädchen ranschleichen, das ganz allein zu Hause ist? Wahrscheinlich hat dir keiner von unserer Alarmanlage erzählt. In dem Moment, in dem du unser Grundstück betreten hast, ist bei unseren Wachmännern ein Alarmruf eingegangen. Sie werden jeden Moment hier sein."
Luke ergriff die nackte Angst. So also würde er sterben. Er musste es ihr erklären. Er musste flüchten.
„Nein", sagte er. „Sie dürfen nicht kommen. Ich …"
„Ach ja?", feixte** das Mädchen. „Das wirst du nicht verhindern können! Oder **was glaubst du, wer du bist**?"
Luke hob den Kopf, so weit es ging. Er sagte einfach das Erstbeste, was ihm einfiel. „**Bevölkerungspolizei**."
Das Mädchen ließ los. V

**feixen: sich über jemanden lustig machen

Du hast etwas über Luke gelesen. Die Handlungsbausteine helfen dir, den Buchausschnitt besser zu verstehen.

die Handlungsbausteine:
- die Hauptfigur und die Situation

3 In welcher Situation befindet sich Luke? Wähle eine Wortgruppe aus und ergänze den Satz.

niemand darf wissen, dass es ihn gibt | er darf sein Versteck nicht verlassen | er darf nicht gesehen werden | er ist ein Schattenkind

Luke bricht in das Nachbarhaus ein. Das ist für ihn

besonders gefährlich, denn ______________________

______________________.

- der Wunsch

4 Welchen Wunsch hat Luke? Kreuze den richtigen Satz an.

☐ Luke möchte das dritte Kind im Nachbarhaus kennenlernen.
☐ Luke möchte im Nachbarhaus seine Freundin besuchen.

- das Hindernis

5 Luke steht vor mehreren Hindernissen. Streiche die falschen Aussagen durch.

Luke muss das Fliegengitter der Tür einschlagen. | Die Sport-Familie hat einen Wachhund. | Luke hat Angst, entdeckt zu werden. | Das Mädchen greift Luke an. | Im Haus ertönt die Alarmanlage.

6 Luke hat die ganze Zeit große Angst. Woran erkennst du das? Markiere zwei passende Stellen im Text.

- die Reaktion

7 Das Mädchen im Nachbarhaus drückt Luke fest auf den Boden. Wie reagiert Luke? Wie schafft er es, sich zu befreien? Schreibe die passende Textstelle auf.

____

______________________.

- das Ende

8 Wie endet der Buchausschnitt? Ergänze.

Das Mädchen ______________________.

9 Was könnte die Bevölkerungspolizei tun? Schreibe deine Vermutung auf.

______________________.

Mit einer Inhaltsangabe kannst du den Inhalt des Buchausschnitts zusammenfassen. Du schreibst eine Einleitung, einen Hauptteil und einen Schluss.

▶ Wissen kompakt, S. 51

10 In der Einleitung nennst du den Titel (die Überschrift), die Autorin und das Thema.

a. Beantworte zuerst folgende Fragen.

– Wie heißt das Jugendbuch? ______________________________

– Wie heißt die Autorin? ______________________________

– Worum geht es in dem Buchausschnitt? Kreuze an.

☐ Luke bricht in das Nachbarhaus ein und trifft dort auf ein Mädchen.
☐ Luke verabredet sich mit einem Mädchen zum Computerspielen.

b. Schreibe nun die Einleitung in dein Heft.
Ergänze deine Ergebnisse aus der Aufgabe 10 a.

Inhaltsangabe
Das Jugendbuch mit dem Titel … wurde von der Autorin …
geschrieben.
In dem Buchausschnitt geht es um Luke. Er …

Im Hauptteil fasst du die Handlung kurz zusammen.
Du schreibst im Präsens (Gegenwart).

11 Schreibe den Hauptteil in dein Heft.
Ergänze die Sätze. Verwende deine Ergebnisse von Seite 57.

Luke möchte das dritte … der Sport-Familie kennenlernen.
Er schlägt die … ein und schleicht durch das Haus.
Das ist für ihn sehr gefährlich, weil …
In einem Zimmer entdeckt er …
Das Mädchen bemerkt Luke und …
Luke kann sich nicht befreien und bekommt große …
Am Ende sagt er einfach das Wort … und das Mädchen …

Zum Schluss schreibst du deine eigene Meinung zum Buch.

12 Würdest du das ganze Buch Schattenkinder gerne lesen?
Schreibe einen der beiden Sätze in dein Heft und ergänze eine Begründung.

Ich würde gerne das ganze Buch lesen, weil …

Ich möchte das Buch nicht lesen, weil …

Flawed – einen Jugendbuchausschnitt erschließen und zusammenfassen

Die 17-jährige Celestine lebt in einer Gesellschaft, in der jede/jeder perfekt sein muss. Fehler darf sich niemand leisten, auch keine falschen Entscheidungen oder falsche Gedanken. Wer sich nicht richtig verhält, wird aus der Gesellschaft ausgestoßen. Celestine hat sich nie Gedanken darüber gemacht, bis zu dem Abend, als sie mit ihren Eltern, ihrer Schwester Juniper und ihrem Bruder Ewan beim Essen sitzt, zusammen mit ihrem Freund Art und Arts Vater, dem Richter Crevan.

1 Lies den Textausschnitt.

Flawed[1] *Cecilia Ahern*

Die Sirene heult langgezogen und durchdringend, eine Warnung. Ich fahre zusammen, vor Schreck fängt mein Herz wild an zu klopfen, alles in mir wittert die Gefahr. Dieses grässliche Geräusch kenne ich schon mein Leben lang, jeder hasst es und hofft, dass es nicht ihm selbst gilt. Den drei bis fünf Minuten dauernden Sirenenklang, der von den Gilde-Transportern ertönt, nennen sie „das Alarmsignal", und obwohl ich nie einen Krieg erlebt habe, denke ich, dass sich die Menschen vor einem Luftangriff ungefähr so gefühlt haben müssen. Mitten in einem ganz alltäglichen Augenblick kann dieses Gefühl jeden fröhlichen Gedanken zunichtemachen. Heute scheint das Alarmsignal ganz nahe zu sein, ein unheilvolles Zeichen. Einen Moment sitzen wir wie erstarrt um den Tisch, dann springt Juniper – weil sie Juniper ist, die redet, bevor sie denkt, und oft sehr ungeschickt handelt – als Erste auf, stößt gegen den Tisch und bringt die Gläser zum Wackeln, dass der Wein über das weiße Tischtuch spritzt und blutrote Flecken hinterlässt. Ohne sich zu entschuldigen, rennt sie aus dem Zimmer. Dad folgt ihr dicht auf den Fersen.

Auch Mum macht einen verängstigten Eindruck, gelähmt wie ein Reh im Scheinwerferlicht schaut sie zu Bosco, totenbleich, und ich glaube, sie ist einer Ohnmacht nahe. Sie versucht jedenfalls nicht mal, meinen kleinen Bruder Ewan daran zu hindern, ebenfalls hinauszulaufen.

Die Sirene wird lauter, sie kommt immer näher. Jetzt springt Art auf, ich folge seinem Beispiel und laufe mit ihm den Korridor hinunter und nach draußen, wo sich alle im Vorgarten aneinanderdrängeln. Im Vorgarten rechts von uns klammern sich der alte Mr Miller und seine Frau aneinander, und als ich mich umschaue, sehe ich, dass die gesamte Nachbarschaft in etwa die gleiche Reaktion zeigt. Alle stehen sie in ihren Vorgärten, halten aneinander fest und warten angespannt, vor welchem Haus der Sirenenwagen anhalten wird. [...] Wen wird es treffen?

Art umklammert meine Hand, drückt sie und versucht, mich mit seinem liebenswürdigen Lächeln zu beruhigen. Aber das Lächeln ist wacklig und wie angeknipst und hat genau die gegenteilige Wirkung auf mich. Inzwischen ist die Sirene fast bei uns angekommen, ihr Heulen gellt in unseren Ohren, unseren Köpfen. Die Transporter biegen in unsere Straße ein, zwei schwarze Lieferwagen

mit leuchtend roten F-Symbolen auf den Seiten, damit alle wissen, wer hier unterwegs ist. Die Whistleblower sind sozusagen die Armee der Gilde, ausgesandt, um die Gesellschaft vor den Fehlerhaften zu schützen. Sie sind nicht unsere offizielle Polizei, ihre Aufgabe ist es lediglich, diejenigen in Verwahrung zu nehmen, die moralisch und ethisch fehlerhaft[2] sind. Kriminelle kommen ins Gefängnis, mit ihnen hat das Gerichtssystem der Gilde nichts zu tun.

Die wild kreisenden Lichter auf dem Dach der Einsatzfahrzeuge erhellen den Abendhimmel und senden mit ihren Strahlen eine Warnung an uns alle. Familien, die gerade noch ganz entspannt den Tag der Einheit gefeiert haben, drängen sich ängstlich vor ihren Häusern zusammen und hoffen, dass die Aktion nicht sie betrifft, dass niemand aus ihrer Mitte gerissen wird – bitte nicht unsere Familie, nicht unser Haus, nicht heute Abend. Abrupt halten die beiden Fahrzeuge mitten auf der Straße an, direkt vor unserem Haus, und ich merke, wie ich anfange zu zittern. Die Sirene verstummt.

„Nein", flüstere ich.

„Sie können uns nicht mitnehmen", beruhigt mich Art und wirkt so selbstsicher und zuversichtlich, dass ich ihm glaube. Natürlich können sie uns nicht mitnehmen, Richter Crevan sitzt in unserem Wohnzimmer am Esstisch, wir sind praktisch unantastbar. Das hilft ein bisschen gegen die Angst, aber dann muss ich plötzlich an die arme Person denken, auf die es die Whistleblower abgesehen haben, und ich bekomme Angst um sie. Ich wundere mich, denn ich glaube fest daran, dass die Fehlerhaften im Unrecht sind und dass die Whistleblower auf meiner Seite sind und mich beschützen. Aber weil es in meiner Straße, vor meiner Haustür passiert, ändert sich alles. Auf einmal habe ich das Gefühl, es sind wir gegen sie. Mein unlogisches und gefährliches Denken jagt mir eine Gänsehaut über den Rücken.

Die Wagentüren öffnen sich, und die Trillerpfeifen setzen lautstark ein, als je vier uniformierte Whistleblower herausspringen, gekleidet in Springerstiefel und die typischen roten Westen über schwarzen Hemden. Mein Kopf ist schon ganz taub von ihrem unablässigen Lärm, ich kann keinen klaren Gedanken mehr fassen, ich fühle nur noch Panik. Vielleicht ist das ja die Absicht, die hinter den Trillerpfeifen steckt.

[1] flawed = engl.: fehlerhaft
[2] moralisch und ethisch fehlerhaftes Verhalten = hier: Verhalten, das gegen die allgemeinen Anstandsregeln verstößt, aber nicht als Straftat gesehen wird, zum Beispiel jemanden anlügen

2 Wie ist dein erster Eindruck? Notiere, was dir durch den Kopf geht.

Du machst dir Notizen zum Inhalt des Jugendbuchausschnitts.

3 An diesem Abend werden Celestine, die Erzählerin, und die Leute in ihrer Nachbarschaft plötzlich in Panik versetzt. Schreibe auf, wodurch die Panik ausgelöst wird.

4 Du erfährst in diesem Textausschnitt etwas darüber, wie der Staat hier funktioniert. Ordne den Begriffen die richtige Erklärung zu. Ziehe Verbindungslinien.

1	Polizei und Gilde
2	die Gilde
3	Whistleblower (= die Männer mit den Trillerpfeifen)
4	„Fehlerhafte“
5	Kriminelle

A	Personen, die die „Fehlerhaften“ jagen und festnehmen
B	zwei Organisationen, die unterschiedliche Arten von Verbrechen verfolgen
C	Personen, die „normale“ Verbrechen begehen wie Raub oder Diebstahl
D	Organisation, die dafür sorgt, dass moralisch „Fehlerhafte“ verurteilt werden
E	Personen, die moralische Fehler begehen wie jemanden im Stich lassen

5 An dem Verhalten der Leute erkennst du, wie groß ihr Schrecken und ihre Angst sind.
- **a.** Unterstreiche Textstellen, an denen deutlich wird, dass Celestine Angst bekommt. Achte vor allem auf den ersten Abschnitt.
- **b.** Schreibe zu Celestines Schwester Juniper und ihrer Mutter mit eigenen Worten in deinem Heft auf, woran du ihren Schrecken oder ihre Angst erkennst. Lies dazu die ersten beiden Abschnitte.

6 Die Whistleblower, die Jagd auf „Fehlerhafte“ machen, verbreiten schon durch ihr Auftreten Angst.
- **a.** Unterstreiche die Stellen im Text, in denen die Whistleblower beschrieben werden. Achte vor allem auf den vierten und den letzten Abschnitt.
- **b.** Schreibe mit eigenen Worten auf, wodurch sie den Leuten solche Angst machen. Nenne mindestens zwei Dinge.

1. ______________________

2. ______________________

Die Handlungsbausteine helfen dir dabei, das Wichtige der Handlung herauszufinden.

7 Fasse bis hierhin das Wichtigste zusammen. Schreibe in dein Heft und ergänze die Lücken.

Die Hauptfigur ist … Die Situation, die ihr Angst macht, ist …
Ein Beispiel dafür, dass ihre Angst begründet ist, ist …
Ihr Wunsch ist … Ob dieser Wunsch in Erfüllung gehen wird oder ob es noch ein Hindernis gibt, weiß man noch nicht, denn …

8 Celestine hat noch aus einem anderen Grund plötzlich Angst. Lies dir dazu den vorletzten Abschnitt noch einmal durch. (Zeilen 50–59)

a. In welchen Konflikt gerät sie? Ergänze die Lücken in deinem Heft.

In dieser Situation, als die Whistleblower in ihrer Straße halten, macht sie sich plötzlich Sorgen: … Ihren Wunsch spricht sie nicht aus, aber man kann sich denken, was sie möchte …

b. Warum darf sie ihren Wunsch nicht aussprechen? Ergänze die Lücken in deinem Heft.

„Fehlerhafte“ waren für Celestine bisher …, und Whistleblower waren für sie …
Jetzt plötzlich sieht sie die Person, die die Whistleblower verhaften wollen, als …
Und die Whistleblower erscheinen ihr auf einmal …

c. Was würde mit Celestine passieren, wenn sie diesen Gedanken laut ausspricht? Ergänze deine Ausführungen in deinem Heft.

9 Welche Reaktion könnte Celestine zeigen, wenn die Whistleblower auf ein Haus zugehen? Glaubst du, dass sie abwarten und zusehen wird? Oder glaubst du, dass sie etwas sagt oder tut? Begründe deine Meinung.

Der Textausschnitt hat dir einen ersten Einblick in das Jugendbuch gegeben. Nun fasst du den Inhalt zusammen.

10 **a.** Schreibe zunächst einen Einleitungssatz.

In dem Textauszug aus dem Roman „Flawed“ von Cecelia Ahern wird beschrieben, wie eines Abends …

b. Erkläre in ein bis zwei Sätzen, wer die Whistleblower sind und was sie machen.

c. Fasse im Hauptteil mithilfe deiner Ergebnisse aus den Aufgaben 7 bis 9 den Textausschnitt zusammen.
- Mache für eine bessere Lesbarkeit einen Absatz nach der Einleitung.
- Schreibe in eigenen Worten. Und schreibe ganze Sätze.
- Schreibe im Präsens.
- Formuliere sachlich.

d. Begründe im Schlussteil, ob du das Buch zum Weiterlesen empfiehlst.

11 Überprüfe deine Zusammenfassung mithilfe des Wissen kompakt auf der Seite 51. Überarbeite deine Zusammenfassung, wenn nötig.

Unterwegs sein – *Gedichte erschließen*

In diesem Kapitel lese ich ein Gedicht und untersuche es.

Ich untersuche den Inhalt und die Stimmung des Gedichts.
- Was verrät mir der Titel (die Überschrift)? Was sagen mir die Bilder?
- Worum geht es (um Menschen, die Natur, ein Erlebnis, eine Sache ...)?
- Welche Stimmung spüre ich (fröhlich, bedrückt, hektisch, ruhig ...)?

Ich untersuche die Form des Gedichts.
- Wie viele **Strophen** hat das Gedicht? Wie viele **Verse** hat jede Strophe?
- Wie ist die Abfolge der Reime? Welche **Reimform** erkenne ich?

Der Paarreim	**Der Kreuzreim**	**Der umarmende Reim**
Zwei aufeinanderfolgende Verse reimen sich.	Die Reime sind über Kreuz angeordnet.	Ein Paarreim wird umschlossen.
Bahn – **a** Hügelplan – **a** Flug – **b** Zug – **b**	rasselt – **a** zischt – **b** prasselt – **a** wischt – **b**	Blatt – **a** Felder – **b** Gelder – **b** Stadt – **a**

Ich untersuche die Sprache des Gedichts und ihre Wirkung.

Das sprachliche Merkmal	**Das Beispiel**	**Die Wirkung**
Die Wiederholung: Ein Wort wird einmal oder mehrmals wiederholt.	*Zug um Zug*	Das Gesagte ist wichtig. Es soll verstärkt werden.
Die Alliteration: Aufeinander folgende Wörter beginnen mit dem gleichen Laut.	***Str**ümpfe **str**icken*	Das Gesagte klingt interessant. Es soll besonders auffallen.

Das sprachliche Bild	**Das Beispiel**	**Die Wirkung**
Die Personifikation: Eine Sache, ein Tier oder eine Pflanze wird wie ein Mensch dargestellt.	*Einsam Häuschen zittert leis.*	Das Gesagte wirkt lebendig. Ich kann es mir gut vorstellen. Das Gesagte wird ausgeschmückt.
Der Vergleich: Zwei verschiedene Dinge werden miteinander verknüpft.	*Die Luft ist dick und wie aus grauem Tuch.*	

Urlaubsfahrt Seite 64
Das Häuschen an der Bahn Seite 67
Die Wälder schweigen Seite 71

Urlaubsfahrt – ein Gedicht lesen und untersuchen

In diesem Gedicht von Hans A. Halbey erfährst du etwas über eine Familie, die in den Urlaub fahren will.

1 a. Sieh dir die Bilder an. Was könnte das Gedicht erzählen?
b. Schreibe deine Vermutung auf.

____

____

2 Lies das Gedicht.

Urlaubsfahrt *Hans A. Halbey*

koffer koffer kindertragen
flaschen taschen puppenwagen
papa mama koffer kinder
autokarte notlichtblinker*

frühgeweckt gefrühstückt raus
winke winke schlüssel haus
autobahnen autoschlange
kinderplappern mama bange**

schlange kriechen sonne heiß
stinken staub benzin und schweiß
stockung hunger mama brote
papa skatspiel radio: tote

schlafen schimpfen hupen schwitzen
weiterfahren weitersitzen
müde mitternacht hotel pension***
dreißigtausend warten schon

* notlichtblinker: der Warnblinker im Auto

** bange: ängstlich

*** die Pension: ein kleines Hotel

Du untersuchst den Inhalt des Gedichts.

3 Welcher Satz passt zum Inhalt des Gedichts? Kreuze an.

- ☐ Vater, Mutter und Kinder machen einen Ausflug mit dem Auto.
- ☐ Eine Familie kommt nach einer langen Autofahrt am Urlaubsort an.
- ☐ Eine Familie hat auf der Autofahrt in den Urlaub einen Unfall.

4 Was macht die Familie während der Autofahrt?
Schreibe passende Wörter aus dem Gedicht auf.

schlafen, ____________________

5 Wie ist die Stimmung der Familie? Ergänze.

müde, entspannt, erschöpft, glücklich

Die Familie fühlt sich ____________________.

Gedichte haben eine besondere Form.
Die Abschnitte heißen Strophen. Die Zeilen heißen Verse.

6 Wie viele Strophen und Verse hat das Gedicht? Ergänze.

Das Gedicht Urlaubsfahrt hat ________ Strophen.

Jede Strophe hat ________ Verse.

Verse enden oft mit Reimen. Reime sind Wörter, die ähnlich klingen.

7 In der ersten Strophe sind die Reimwörter markiert.
a. Markiere die Reimwörter in den Strophen 2 bis 4.
b. Wie sind die Reime angeordnet? Kreuze an.

- ☐ Die Reime sind über Kreuz angeordnet: abab (der Kreuzreim).
- ☐ Die Reime sind paarweise angeordnet: aabb (der Paarreim).

Das Gedicht Urlaubsfahrt hat eine besondere Sprache.

8 **a.** Sieh dir das Gedicht genauer an. Was fällt dir auf? Verbinde.

Alle Wörter sind	kleingeschrieben. / großgeschrieben.
Das Gedicht besteht aus	vollständigen Sätzen. / einzelnen Wörtern.
Es gibt	Kommas und Punkte. / nur einen einzigen Doppelpunkt.

b. Welche Wirkung wird dadurch erreicht?
Kreuze die Sätze an, die deiner Meinung nach zutreffen.
Tipp: Lies die dritte Strophe noch einmal halblaut.

- ☐ Die Urlaubsfahrt wirkt hektisch, zu lang und zu anstrengend.
- ☐ Die Urlaubsfahrt wirkt fröhlich, entspannt und schön.
- ☐ Die Hektik wird einmal unterbrochen: Das Radio meldet Tote.

Das Gedicht Urlaubsfahrt hat noch weitere Besonderheiten.
Einige Wörter werden wiederholt. So entsteht eine besondere Wirkung.

9 a. Lies noch einmal die erste Strophe.
b. Welches Wort kommt dreimal vor? Markiere es.

1 **koffer koffer kindertragen**
2 **flaschen taschen puppenwagen**
3 **papa mama koffer kinder**
4 **autokarte notlichtblinker**

c. Welche Gedanken hast du, wenn du die Strophe mit den Wiederholungen liest? Kreuze an. Oder schreibe einen eigenen Satz.

☐ Koffer sind das Wichtigste auf einer Reise.
☐ Die Familie nimmt besonders viele Koffer mit.

____

d. Finde weitere Wiederholungen in der zweiten und vierten Strophe. Markiere sie im Gedicht auf Seite 64.

Du hast das Gedicht untersucht. Nun fasst du deine Ergebnisse zusammen.

10 Ergänze den Titel (die Überschrift) des Gedichts und das Thema.

Das Gedicht ____________ von dem Dichter Hans A. Halbey

handelt von einer Familie, ____________

____________.

11 Wie wirkt das Gedicht auf dich? Ergänze.

Der Dichter verwendet eine besondere Sprache.

Dadurch wirkt das Gedicht auf mich ____________.

lustig, stressig, merkwürdig

Mir gefällt das Gedicht ____________, weil

gut, nicht gut

____

____________.

es bei uns immer genau so ist. | es keine Sätze enthält. | ich mir die Fahrt gut vorstellen kann. | mich die Stimmung nervös macht.

Das Häuschen an der Bahn – ein Gedicht lesen und untersuchen

Dieses Gedicht von Christian Morgenstern handelt von einem kleinen Haus, das menschliche Fähigkeiten hat.

1 **a.** Sieh dir die Bilder an. Worum könnte es in dem Gedicht gehen?
b. Schreibe deine Vermutung auf.

Das Häuschen an der Bahn *Christian Morgenstern*

Steht ein Häuschen an der Bahn,
hoch auf grünem Hügelplan.

Tag und Nacht, in schnellem Flug,
braust* vorüber Zug um Zug.

Jedesmal bei dem Gebraus
zittert leis** das kleine Haus –:

„Wen verlässt, wen sucht auf
euer nimmermüder*** Lauf?"

„Oh nehmt mit, oh bestellt
Grüße an die weite Welt!"

Rauch, Gestampf, Geroll, Geschrill …
Alles wieder totenstill.

Tag und Nacht dröhnt das Gleis.
Einsam Häuschen zittert leis.

* brausen: rasen, sehr schnell fahren

** leis: leise

*** nimmermüde: niemals müde

Du untersuchst den Inhalt des Gedichts.

2 Welche Sätze passen zum Inhalt des Gedichts?
Kreuze an. Du kannst auch einen eigenen Satz schreiben.

- ☐ Tag und Nacht rasen Züge an dem Haus vorbei.
- ☐ Das Häuschen spricht mit den Zügen.
- ☐ Das Häuschen wird von einem Zug zerstört.
- ☐ Wenn die Züge vorbeifahren, zittert das Haus.

3 Was erfährst du im Gedicht über das Häuschen und die Züge?
Ordne die Wörter und Wortgruppen richtig zu.

steht auf einem Hügel | brausen vorbei | laut | einsam | bestellt Grüße | zittert | fahren in die Welt | rauchen und stampfen

steht auf einem Hügel, ______

______

______

______

4 Was fragt das Häuschen? Was ruft es den Zügen zu?
Markiere die richtigen Sprechblasen.

„Wen verlässt, wen sucht auf
euer nimmermüder Lauf?"

Wo kommt ihr her? Wo wollt ihr hin?

Wann kommt ihr zurück?

„Oh nehmt mit, oh bestellt
Grüße an die weite Welt!"

Wartet auf mich! Ich will mitfahren.

Nehmt meine Grüße an die Welt mit!

5 Das Häuschen scheint in einer besonderen Stimmung zu sein.
Wie ist diese Stimmung deiner Meinung nach? Schreibe auf.

traurig, fröhlich, unruhig, neugierig

Die Stimmung des Häuschens ist ______.

Du untersuchst die Form des Gedichts.

6 Wie viele Strophen und Verse hat das Gedicht? Ergänze.

Das Gedicht hat ______.

Jede Strophe hat ______.

Verse enden oft mit Reimen. Reime sind Wörter, die ähnlich klingen.

7 In den ersten beiden Strophen sind die Reimwörter bereits markiert.

▶ Wissen kompakt, S. 63

a. Markiere die Reimwörter in den weiteren Strophen.
b. Welche Reimform erkennst du? Kreuze an.

☐ Kreuzreim abab ☐ Paarreim aabb

Du untersuchst die besondere Sprache des Gedichts.
Wenn eine Sache, ein Tier oder eine Pflanze wie ein Mensch dargestellt wird, nennt man das Personifikation.

8 Im Gedicht wird das Häuschen wie ein Mensch dargestellt.

a. Welche menschliche Fähigkeit zeigt das Häuschen?
Tipp: Lies noch einmal die Strophen 4 und 5.
Schreibe einen Satz auf.

b. Welche Gefühle zeigt das Häuschen deiner Meinung nach?
Kreise passende Gefühle ein.

Sehnsucht *Freude* *Einsamkeit* *Fernweh** *Liebe* *Wut* *Traurigkeit* *Glück*

* das Fernweh: die Reiselust, die Sehnsucht nach fernen Ländern

9 Stell dir vor, das Häuschen könnte sich etwas wünschen. Schreibe den Wunsch auf.

Im Gedicht werden einige Wörter wiederholt. Dadurch fallen sie besonders auf.

10 Finde die Wiederholungen und schreibe die Wörter auf.

Strophen 2 und 7: ______

Strophen 3 und 7: ______

In einem Vers beginnen mehrere Wörter mit dem gleichen Laut.
Dies nennt man Alliteration. Beispiel: die weite Welt (Vers 10)

11 **a.** Lies die Strophe 6 laut. Markiere die gleichen Anfangsbuchstaben.

Rauch, Gestampf, Geroll, Geschrill …
Alles wieder totenstill.

b. Welche Wirkung wird dadurch erreicht? Ergänze.

Man kann fast hören, wie ______
______.

Du hast das Gedicht gründlich untersucht.
Nun kannst du deine Ergebnisse und deine Gedanken zusammenfassen.

12 Ergänze den Titel des Gedichts, den Namen des Dichters und das Thema.

Christian Morgenstern | ein kleines Haus, an dem Tag und Nacht Züge vorbeifahren. | „Das Häuschen an der Bahn"

In dem Gedicht ______________________

von dem Dichter ______________________

geht es um ______________________

______________________.

13 Was kannst du noch über das Gedicht sagen? Ergänze.
Verwende deine Ergebnisse von den Seiten 68 und 69.

Das Gedicht hat __________ Strophen mit jeweils __________ Versen.

Die Reimform ist der __________.

In dem Gedicht wird das Häuschen wie ein Mensch dargestellt:

Das Häuschen ______________________.

Es fühlt sich ______________________.

Vielleicht würde es gerne ______________________

______________________.

Aber ______________________.

14 Stell dir vor, ein Zug würde anhalten und mit dem Häuschen sprechen.
Schreibe auf, was der Zug sagt.

____

____

____

____

Die Wälder schweigen – ein Gedicht erschließen

In diesem Gedicht beschreibt Erich Kästner zwei ganz unterschiedliche Eindrücke.

1 Worum könnte es in dem Gedicht gehen?
a. Sieh dir das Bild an und lies die Überschrift.
b. Schreibe deine Vermutung zum Inhalt des Gedichts auf.

2 Lies das Gedicht.

Die Wälder schweigen (1936) *Erich Kästner*

Die Jahreszeiten wandern durch die Wälder. a
Man sieht es nicht. Man liest es nur im Blatt[1]. b
Die Jahreszeiten strolchen durch die Felder. a
Man zählt die Tage. Und man zählt die Gelder. a
Man sehnt sich fort aus dem Geschrei der Stadt. b

Das Dächermeer schlägt ziegelrote Wellen.
Die Luft ist dick und wie aus grauem Tuch.
Man träumt von Äckern und von Pferdeställen.
Man träumt von grünen Teichen und Forellen.
Und möchte in die Stille zu Besuch.

Man flieht aus den Büros und den Fabriken.
Wohin, ist gleich! Die Erde ist ja rund!
Dort, wo die Gräser wie Bekannte nicken
und wo die Spinnen seidne Strümpfe[2] stricken,
wird man gesund.

Die Seele wird vom Pflastertreten krumm.
Mit Bäumen kann man wie mit Brüdern reden
und tauscht bei ihnen seine Seele um.
Die Wälder schweigen. Doch sie sind nicht stumm.
Und wer auch kommen mag, sie trösten jeden.

[1] Mit „Man liest es nur im Blatt" könnte die Zeitung gemeint sein.
[2] Mit „seidne Strümpfe stricken" ist eigentlich das Spinnen des Spinnennetzes gemeint.

3 Die Sprecherin / Der Sprecher im Gedicht vermittelt eine besondere Stimmung.
a. Wie könnte man die Stimmung in dem Gedicht beschreiben? Kreuze an.

die Stadt: ☐ wirkt bedrückend ☐ lebendig ☐ laut ☐ natürlich
die Wälder: ☐ verbreiten Ruhe und Frische ☐ wirken tröstend
☐ wirken bedrohlich
die Natur: ☐ wirkt langweilig ☐ weckt Sehnsucht

b. Beschreibe die Stimmung des Gedichtes in zwei Sätzen.

____

____.

Du untersuchst den Inhalt des Gedichts genauer.

4 Jede Strophe enthält eine Gegenüberstellung von Stadt und Natur.
a. Unterstreiche die Verse, in denen die Stadt beschrieben wird, rot.
b. Unterstreiche die Verse, in denen die Natur beschrieben wird, grün.
c. Fasse die Strophen jeweils zusammen. Beachte dabei, was in den Strophen von der Stadt im Gegensatz zur Natur gesagt wird. Schreibe in dein Heft.

Strophe 1: Den Wechsel der Jahreszeiten kann man in den Wäldern und Feldern erleben. Der Mensch, umgeben vom Geschrei in der Stadt, liest davon nur in der Zeitung.

Du untersuchst die Form des Gedichts.

5 Ein Gedicht hat einen typischen Aufbau.
a. Wie viele Strophen und Verse hat das Gedicht? Schreibe einen Satz dazu auf.

____.

b. Welche Reimformen kommen in dem Gedicht vor?
Schreibe neben jeden sich reimenden Vers die gleichen Buchstaben.
c. Bestimme das Reimschema. Kreuze die Reimform an, die vorkommt.

☐ Paarreim ☐ Kreuzreim ☐ umarmender Reim

d. Welche Wirkung hat das Reimschema auf die Leserin / den Leser? Kreuze an.

☐ fröhlich ☐ beschwingt ☐ ruhig ☐ unruhig

Der Autor setzt sprachliche Mittel ein, um eine bestimmte Wirkung zu erzielen. Sprachliche Mittel sind z. B. Personifikationen, Vergleiche oder Wiederholungen.

6 **a.** In Vers 1 findest du eine Personifikation, „Jahreszeiten wandern" (Vers 1).
Markiere weitere Personifikationen im Gedicht.
b. Welche Wirkung erzielt der Autor mit diesen Personifikationen? Kreuze an.

☐ Die Personifikationen vermitteln die Eintönigkeit der Natur.
☐ Die Personifikationen vermitteln die Bedrohung der Stadt.
☐ Die Personifikationen vermitteln die Lebendigkeit der Natur.
☐ Die Personifikationen unterstützen die positive Wahrnehmung des Jahreszeitenwechsels in der Natur.

7 **a.** Der Autor verwendet ähnliche Sätze, die wiederholt mit „Man …" beginnen, z. B.: „Man sieht es nicht …" (Vers 2).
Markiere die Wiederholungen dieser Wortreihenfolge im Gedicht.
b. Der Autor betont durch die Verwendung des Wörtchens „man", dass alle Menschen diese Wahrnehmung haben.

– Wie nimmt der Mensch die Stadt wahr? Schreibe einen Satz auf.

____

– Wie nimmt der Mensch die Natur wahr? Schreibe einen Satz auf.

____

8 Ein Vergleich verknüpft zwei verschiedene Dinge miteinander.
Beschreibe die Wirkung der beiden folgenden Verse.

a. „Die Luft ist dick und wie aus grauem Tuch." (Vers 7)

Der Vergleich bewirkt ______________________________

______________________________.

b. „Mit Bäumen kann man wie mit Brüdern reden" (Vers 17).

Der Vergleich bewirkt ______________________________

______________________________.

9 In der letzten Strophe (Vers 19) findet man die Wiederholung der Überschrift.
Diese wird jedoch ergänzt: „Doch sie sind nicht stumm."
Schreibe auf, wie du die Überschrift des Gedichtes jetzt verstehst.

____

____

____

Du hast das Gedicht untersucht und fasst deine Ergebnisse in einem Text zusammen.

10 Beginne mit der Einleitung und benenne darin die wichtigsten Informationen.

Das Gedicht ______________ von ______________

aus dem Jahr ______________ thematisiert ______________.

11 Schreibe nun den Hauptteil. Schreibe in dein Heft.

a. Fasse den Inhalt der Strophen zusammen. Verwende deine Antworten aus der Aufgabe 4. Nutze die Formulierungshilfen.

Die erste Strophe verdeutlicht/beinhaltet … / handelt davon, dass die Jahreszeiten in der Stadt … In der zweiten Strophe …

b. Beschreibe die Form und die Sprache des Gedichts. Verdeutliche anhand von Beispielen, wie dadurch die Stadt und die Natur dargestellt werden.
Verwende deine Antworten aus den Aufgaben 5 bis 8.

Das Gedicht hat … Strophen mit je … Versen. / Man findet verschiedene Reimformen … Erich Kästner verwendet Personifikationen, z. B. … Diese sprachlichen Mittel wirken …

c. Beende deine Interpretation mit einem Schlusssatz. Gehe auch auf die Überschrift ein.
Verwende deine Ergebnisse aus Aufgabe 9.

Die Sprecherin / Der Sprecher im Gedicht macht bewusst, dass …

Wortarten wiederholen: Nomen

Wissen kompakt

Nomen benennen Lebewesen und Gegenstände. Nomen benennen auch etwas, was Menschen denken, fühlen oder sich vorstellen:
die Zuschauerinnen und Zuschauer, der Hockeyball, das Eishockeyspiel, der Sieg.

Adrian spielt Feldhockey im Verein. Er erzählt:

Wenn das Wetter es zulässt, trainieren und spielen wir draußen. Im Winter spielen wir in der Halle. Als Ausrüstung benötigt man natürlich einen Hockeyschläger, außerdem Hockeyschuhe, Trikot und Hose, Stutzen und Schienbeinschützer. Der Torwart trägt zusätzlich einen Helm mit Gitter, damit sein Gesicht geschützt ist. In jeder Mannschaft spielen zehn Feldspieler und ein Torwart. Ich bin Verteidiger. Hockey begeistert mich, weil es ein schnelles Spiel ist. Wir trainieren viele Fähigkeiten: natürlich Schnelligkeit und Ausdauer, aber auch Taktik und das Zusammenspiel in der Mannschaft. Man lernt, Niederlagen hinzunehmen, aber am schönsten ist es, wenn man gewinnt!

1 Welche Ausrüstung braucht man zum Hockeyspielen? Markiere die Nomen im Text.

2 Welche Fähigkeiten trainieren die Spieler? Schreibe die Nomen mit den Artikeln auf.
Tipp: Schlage die Artikel im Wörterbuch nach.

die Schnelligkeit,

3 Welche Personen sind bei einem Hockeyspiel dabei?
Schreibe mindestens vier Nomen mit den Artikeln auf.
Die Fragen am Rand helfen dir.

Wer spielt?
Wer steht im Tor?
Wer leitet das Spiel?
Wer schaut zu?

4 Finde zusammengesetzte Nomen mit dem Nomen **Hockey**.
Schreibe mindestens vier zusammengesetzte Nomen mit dem Artikel auf.

das Feldhockey,

Wortarten wiederholen: Adjektive

Wissen kompakt

Mit **Adjektiven** können wir beschreiben, **wie** etwas ist: *die schwere Kugel.*
Wenn wir etwas miteinander vergleichen wollen, steigern wir die Adjektive: *Krafttraining ist wichtig für Sportlerinnen und Sportler. Aber Technik ist oft wichtiger als Kraft. Der Spaß ist am wichtigsten.*

Elisa und Klara lieben Leichtathletik. Sie erzählen:

Elisa: Beim Kugelstoßen ist es wichtig, den Arm mit viel Kraft zu strecken, damit die Kugel weit fliegt. Ich bin **gut** im Kugelstoßen, möchte aber noch **besser** werden. Klara, du bist beim Kugelstoßen **am besten**.

Klara: Aber ich finde Hochsprung interessanter als Kugelstoßen. Die Flop-Technik ist am interessantesten. Du drehst dich nach dem Anlauf und überquerst die Latte elegant mit dem Rücken. Es macht mir Spaß, immer höher zu springen.

Elisa: Mir ist es am wichtigsten, dass man viele unterschiedliche Muskeln trainiert. Das geht in der Leichtathletik am besten.

1 Im Text sind drei Adjektive hervorgehoben. Finde weitere Adjektive und markiere sie.

2 Hier werden Adjektive gesteigert.
Ergänze die passenden Adjektive in der Tabelle.

Grundform	1. Steigerungsform	2. Steigerungsform
gut		
interessant		
	wichtiger (als)	

3 Welche Sportart findest du interessant? Was ist dir am wichtigsten?
Schreibe drei eigene Sätze. Wähle Adjektive aus der Tabelle aus.

Wortarten wiederholen: Pronomen

Wissen kompakt

Wörter wie **meine**, **deine**, **ihre**, **unsere** sind Possessivpronomen. Sie sagen, wem oder zu wem etwas gehört: *„Meine Sportart ist Basketball."*
Wörter wie **dieser**, **dieses**, **diese** sind **Demonstrativpronomen**. Sie weisen auf eine Person oder eine Sache hin und **betonen** diese. Demonstrativpronomen können ein Nomen begleiten oder ersetzen: *„Kann ich diese Sporthose anprobieren? Entschuldigung, ich meinte diese hier."*

Lina und Max im Sportgeschäft

Lina: Unsere Sportschuhe sind zu klein geworden.
Verkäufer: Welche Sportart betreibt ihr denn?
Max: Ich spiele Fußball. Ich brauche Schuhe für den Rasenplatz.
Verkäufer: Dieser Schuh hier ist ausgezeichnet. Seine Stollen geben dir besonders auf rutschigen Böden sicheren Halt.
Max: Danke. Ich probiere ihn einmal an.
Lina: Und meine Sportart ist Klettern. Ich brauche Kletterschuhe.
Verkäufer: Ich empfehle dir dieses Modell, obwohl es recht teuer ist. Es besteht aus einem neuartigen Elastikmaterial, das speziell zum Klettern entwickelt wurde.
Lina: Interessant! Aber ich würde auch gern diese Schuhe testen.

1 Im Text findest du drei Possessivpronomen. Markiere sie zusammen mit dem Nomen.

2 Im Text findest du auch drei Demonstrativpronomen. Markiere sie. Schreibe sie zusammen mit dem Nomen auf.

dieser Schuh, ______________________________

Max spricht beim Training über seine neuen Fußballschuhe.

3 Setze die passenden Demonstrativpronomen vom Rand ein.

diese, diesen, dieses

Ich habe mich für __________ Modell entschieden.
Der Verkäufer hat mich überzeugt, dass __________ Stollen ideal sind. Ich bin sicher, dass ich mit __________ Schuhen doppelt so viele Tore schießen werde wie sonst.

Wortarten wiederholen: Nomen, Adjektive, Pronomen

Wissen kompakt

Nomen erscheinen in Sätzen immer in einem bestimmten **Kasus (Fall)**. Im Deutschen gibt es vier Fälle. Der **Artikel** und die **Endung** des Nomens sowie der Begleitwörter **richten sich nach dem Fall**.

Kasus (Fall)	*Maskulinum (männlich)*	*Neutrum (sächlich)*	*Femininum (weiblich)*
Nominativ (Wer oder was?)	*der Trainer*	*das Glück*	*die Luft*
Genitiv (Wessen?)	*des Trainers*	*des Glücks*	*der Luft*
Dativ (Wem?)	*dem Trainer*	*dem Glück*	*der Luft*
Akkusativ (Wen oder was?)	*den Trainer*	*das Glück*	*die Luft*

Mit **Adjektiven** können wir Lebewesen und Gegenstände **genauer beschreiben**. Steht das Adjektiv vor einem Nomen, verändert sich die Endung. Um Lebewesen oder Gegenstände zu vergleichen, können wir Adjektive **steigern**.

Der See ist ruhig.
Auf dem ruhigen See liegt ein Boot.

Grundform	*Komparativ (1. Steigerungsform)*	*Superlativ (2. Steigerungsform)*
(so) groß (wie)	*größer (als)*	*am größten*

Personalpronomen helfen, häufige Wiederholungen von Nomen zu vermeiden. Sie werden dekliniert.

ich – du – er – sie – es – wir – ihr – sie
Wir entdeckten einen Gang. Er war lang.

Interessante Berufe

Kara: Ich finde den Beruf der Astronautin interessant. Astronauten haben (*ungewöhnlich, Beruf*). Die Ausbildung ist sehr hart.
Sullivan: Ich möchte Fußballprofi werden. Fußballprofis sind (*berühmt, Mensch*) und verdienen viel Geld. Mit meinem Geld kann ich tolle Dinge kaufen.
Sara: Ich finde den Beruf Sängerin toll. Sänger werden von (*begeistert, Mensch*) bejubelt. Sänger verdienen auch viel Geld. Aber ihr Leben wird genau von den Fans beobachtet.
Ben: Ich möchte Comedian werden. Comedians bereiten dem Publikum (*groß, Spaß*). Comedians arbeiten mit ihrer Mimik und ihrer Stimme.
Julia: Am faszinierendsten sind für mich Berufe, bei denen man Menschen helfen kann, z. B. der Beruf Rettungssanitäter/-in. Der Beruf Rettungssanitäter/-in ist wichtig für die schnelle Behandlung (*krank, Patient*).

1 Schreibe die Sätze neu in dein Heft.

a. Ergänze die Wortgruppen aus Nomen und Adjektiv. Füge wenn nötig den passenden unbestimmten Artikel hinzu. Achte auf die Endung der Adjektive.
Beispiel: *Astronauten haben einen ungewöhnlichen Beruf.*

b. Vermeide Wiederholungen: Ersetze die markierten Nomen durch das passende Personalpronomen.

Wortarten wiederholen: Pronomen

Wissen kompakt

Personalpronomen können wir **für** Nomen **einsetzen**. Sie werden im Satz wie die Nomen dekliniert (gebeugt).	*ich – du – er – sie – es – wir – ihr – sie* *Wir entdeckten einen Gang.* *Er war lang.*
Possessivpronomen sagen, **wem** etwas gehört. Die **Endungen** der Possessivpronomen richten sich nach dem dazugehörigen **Nomen**.	*mein/meine, dein/deine, sein/seine, ihr/ihre, unser/unsere, euer/eure, ihr/ihre* *mein Buch, meine Tasche, unsere Reise*
Demonstrativpronomen weisen auf eine Person, eine Sache oder ein Ereignis hin und **betonen** diese. Sie können ein Nomen begleiten oder ersetzen.	*dieser – dieses – diese* *Dieses Buch gehört mir.*

Philipp erzählt vom Ausdauertraining

Heute haben meine Kanumannschaft und ich Ausdauertraining in der Sporthalle. Mein Trainer hat für uns verschiedene Stationen aufgebaut. Er hat große Kästen hingestellt. Die Sportler/-innen springen darüber. Sie sind alle sehr motiviert. Von der Decke hängen die Taue. Alle klettern sie hoch und runter. Alle Sportler/-innen machen gut mit. Am Ende der Stunde ist der Trainer von ihnen begeistert.

1 Kennzeichne die Pronomen und ihre Bezugswörter im Text.
a. Unterstreiche die Personalpronomen rot.
Markiere die Nomen, die sie ersetzen, und ziehe einen Pfeil.
b. Unterstreiche die Possessivpronomen blau.

2 Ergänze in den folgenden Sätzen passende Demonstrativpronomen aus dem Wortspeicher.

dieser, dieses, diesen, diesem

______________ Paddelboot ist ein Kajak.

Mit dem Kajak fahre ich über ______________ Fluss.

Mir macht ______________ Sport viel Spaß.

Es soll kein Wasser in das Kajak hineinlaufen.

Aus ______________ Grund hat es eine Spritzdecke.

Verben im Präsens und Perfekt

Wissen kompakt

Wir verwenden Verben im **Präsens**, um auszudrücken, was wir **jetzt tun** oder was wir **regelmäßig tun**. *Jeden Mittwoch hilft er den Nachbarn.*
Wir verwenden Verben im **Perfekt**, wenn wir **mündlich über Vergangenes** erzählen: *Ich bin zu meiner Freundin gegangen. Wir haben Tischtennis gespielt.*

Agit unterstützt eine Nachbarin bei der Hausarbeit. Er erzählt:

Ich helfe regelmäßig unserer achtzigjährigen Nachbarin, Frau Grewe. Freitags besuchen wir den Wochenmarkt und kaufen frisches Gemüse und Obst ein. Ich trage dann die Taschen nach Hause und räume die Einkäufe ein. Aber gestern ist Frau Grewe gestolpert und hat sich den Fuß gestoßen. Deshalb sind wir zu Hause geblieben. Ich habe zuerst im Garten aufgeräumt und den Rasen gemäht. Später bin ich allein zum Einkaufen gegangen, während Frau Grewe sich im Gartenstuhl ausgeruht hat.

1 Was tut Agit regelmäßig? Unterstreiche die Verben im Präsens.

2 Was haben Agit und Frau Grewe gestern gemacht? Markiere die Verben im Perfekt.

3 Ergänze die fehlenden Verbformen in der Tabelle.

Verben im Präsens	Verben im Perfekt
wir bleiben (zu Hause)	
	ich habe geholfen
ich räume auf	
ich gehe (zum Einkaufen)	

4 Was könnte Agit noch erzählen?
Schreibe drei Sätze im Perfekt in dein Heft.
Du kannst Wortgruppen vom Rand auswählen.
Ich habe die Blumen …

Blumen einpflanzen, das Bett beziehen, zur Apotheke gehen, Kaffee trinken

Verben im Präteritum

Wissen kompakt

Wir verwenden Verben im **Präteritum**, wenn wir **schriftlich über Vergangenes** berichten: *einkaufen: Wir kauften für die Party ein.*
Bei einigen Verben ändert sich der Verbstamm im Präteritum. Wir nennen sie unregelmäßige (starke) Verben: *gehen: Ich ging zu den Nachbarn.*

Ella half als Schülerin ehrenamtlich* ihren Nachbarn. Darüber berichtete sie in der Stadtteilzeitung.

*freiwillig, ohne Bezahlung

Mein Name ist Ella und ich mache eine Ausbildung zur Altenpflegerin. Während meiner Schulzeit half ich zweimal in der Woche einem älteren Ehepaar in der Nachbarschaft. Ich kaufte im Supermarkt ein und bügelte die Wäsche. Danach tranken wir oft noch einen Tee und erzählten ein bisschen. Manchmal sah ich der Nachbarin beim Backen zu. Auch wenn ich jetzt kaum noch Zeit habe, besuche ich die beiden ab und zu.

1 **a.** Markiere im Text die Verben im Präteritum.
b. Schreibe sie zusammen mit dem Infinitiv auf.

ich half – helfen, ______

______

______

2 Was tat Ella noch für die Nachbarn? Schreibe drei Sätze im Präteritum. Du kannst aus den Wortgruppen auswählen.

die Blumenkästen in den Keller bringen, den Balkon aufräumen, vorlesen, am Computer helfen, beim Spaziergang begleiten, zur Post gehen

______

______

______

______

Verben im Futur

Wissen kompakt

Wir verwenden das **Futur**, wenn wir ausdrücken wollen, was wir **in der Zukunft** planen. Wir bilden das Futur mit dem Hilfsverb **werden** und dem Infinitiv (Grundform) des Verbs: *Ich werde Oma zukünftig öfter anrufen. Klara wird bald ihr Praktikum beginnen.*

Die Freunde sprechen über ihre Pläne und Ideen, anderen zu helfen.

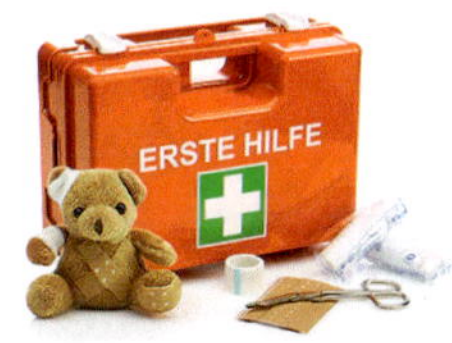

Agit: Ich werde bald einen Kurs zum Schulsanitäter machen. Dann kann ich in Notfällen Erste Hilfe leisten. Aber ich werde auch zukünftig für unsere Nachbarin einkaufen. Und welche Pläne habt ihr?

Max: Mein Freund und ich werden in den Ferien die Kindermannschaft im Fußballverein trainieren. Das hat unser Trainer vorgeschlagen. Aber ich könnte auch für unsere Nachbarn Einkäufe erledigen. Ich werde ihnen meine Hilfe anbieten.

Klara: Ich werde einen Kurs zum Erstellen einer Website machen. Vielleicht können wir unsere Ideen demnächst dort veröffentlichen.

1 Was planen die Freunde? Markiere im Text die Verben im Futur.

2 Ergänze jeweils ein Verb im Futur.

ich ______________________ du ______________________

er ______________________ wir ______________________

Es gibt viele Möglichkeiten, anderen zu helfen.

3 Was wirst du tun? Was werden deine Freunde zukünftig tun? Schreibe Sätze im Futur. Du kannst Wörter und Wortgruppen auswählen.

im Garten arbeiten | bei den Hausaufgaben helfen | den Hund ausführen | in der Kleiderkammer mithelfen | babysitten | reparieren | putzen …

____

____

____

Verben – Zeitformen unterscheiden

Wissen kompakt

Wir verwenden das **Präsens** (Gegenwart), um zu sagen, was wir **jetzt** tun oder was wir **regelmäßig** tun.	*Wir machen jetzt eine Pause. Wir machen jeden Tag eine Pause.*
Wir verwenden das **Präteritum**, wenn wir über Vergangenes **schriftlich** berichten.	*Der Lehrer zeichnete eine Skizze. Die Skizze war sehr genau.*
Wir verwenden das **Perfekt**, wenn wir über Vergangenes mündlich erzählen.	*Wir haben über den Witz gelacht. Wir sind mit dem Rad gefahren.*
Wir verwenden das **Plusquamperfekt**, wenn wir in der **Vergangenheit** ausdrücken wollen, dass etwas zeitlich noch **weiter zurückliegt**.	*Wir hatten viel geübt, bevor wir das Referat hielten.*
Wir verwenden das **Futur I**, wenn wir ausdrücken wollen, was wir in der fernen **Zukunft** planen.	*Er wird nächstes Jahr eine Ausbildung beginnen.*

Schnuppertag in der Catering[1]-Firma

Im Rahmen eines Schnuppertages arbeiteten Michelle und Florian bei einem Caterer und bereiteten Cupcakes für ein Fest vor. Jetzt sind sie Profis darin! Zuerst holten sie die Zutaten und bereiteten den Teig zu. Dann befüllte Michelle die Muffinförmchen. Florian heizte den Backofen vor. Dann legte er die Muffins auf das Backblech und schob es in den Ofen. Nach 20 Minuten holte Florian das Backblech mit einem Ofenhandschuh aus dem Ofen. Dabei kam es zu einem Unfall, bei dem er sich am Arm verbrannte. Nachdem Florian den Arm unter kaltem Wasser gekühlt hatte, machte die Chefin einen Verband. Florians Vater holte ihn ab und fuhr zur Apotheke. Nachdem sie dort ein Brandgel gekauft hatten, fuhren sie nach Hause. Dort verarzteten sie den Arm mit dem Gel und einem neuen Verband.

[1] Catering = Lieferant von Speisen

1 **a.** Lies den Text.
b. Markiere Sätze im Präsens/Präteritum/Plusquamperfekt unterschiedlich.

2 **a.** Ergänze die folgenden Sätze mit passenden Verben aus dem Wortspeicher im Futur.
b. Wie kann man die Cupcakes verzieren? Schreibe vier Sätze mit eigenen Ideen in dein Heft.

packen, spritzen, dekorieren

Wir ________________ die Sahne mit dem Beutel auf die Muffins ________________.

Wir ________________ die Muffins mit verschiedenen Süßigkeiten ________________.

Wir ________________ die Muffins in Cupcake-Boxen ________________.

Verben im Passiv

Wissen kompakt

Wir verwenden Verben im **Passiv**, um zu beschreiben, was **getan wird**. Dabei ist die Tätigkeit wichtig, aber nicht, wer sie ausführt. Das Passiv wird oft in Anleitungen verwendet.
Ich gieße die Pflanzen. Passiv: Die Pflanzen werden gegossen.

Leyla macht einen Schnuppertag in der Gärtnerei.
Der Gärtner erklärt ihr, wie die Tomatenpflanzen pikiert werden:

Die jungen Tomatenpflanzen muss man pikieren*, damit sie genug Platz zum Wachsen haben. Dafür werden die Pflanzen zwei bis drei Stunden vorher gewässert. Die neuen Blumentöpfe werden mit Erde gefüllt. Dann wird mit dem Pikierstab ein tiefes Loch in die Mitte gestochen.

* pikieren: Pflanzen, die zu dicht stehen, trennen

1 **a.** Markiere im Text die Verben im Passiv.
b. Ergänze in der Tabelle die Verben im Passiv.

Infinitive	Verben im Passiv
wässern	*werden gewässert*
füllen	
stechen	

So wird dann eine Tomatenpflanze in den neuen Blumentopf gesetzt:

- *die Erde um jede Pflanze herum etwas lockern*
- *eine Pflanze vorsichtig mit den Wurzeln herausheben und in das Loch setzen*
- *die Wurzeln zum Schluss mit Erde bedecken*

2 Schreibe die Arbeitsschritte auf. Bilde Sätze im Passiv.

Die Erde wird um jede Pflanze herum

Verben – Aktiv und Passiv

Wissen kompakt

Das **Passiv** beschreibt, was getan wird.
Die **Tätigkeit** ist wichtig, aber nicht, wer sie ausführt. Deshalb wird das Passiv oft in Gebrauchsanweisungen oder Anleitungen verwendet.

Aktiv: Ich säge das Holz.
Passiv: Das Holz wird gesägt.

Leya hat für die Aktion „Tagwerk" in der Gärtnerei gearbeitet.
Sie beschreibt ihren Mitschülerinnen und Mitschülern, wie man Pflanzen umtopft.

Pflanzen umtopfen

Zuerst lege ich eine Schicht aus Tonscherben in das Pflanzgefäß. Auf die Drainageschicht gebe ich eine Lage Pflanzenerde. Die Wurzeln der Pflanzen lockere ich mit den Fingern. Die Pflanzen nehme ich vorsichtig aus ihren alten Töpfen und setze sie auf die Erde. Dann fülle ich die Wurzelballen mit Erde auf und drücke die Pflanzen an. Zum Schluss gieße ich die Pflanzen.

1 **a.** Lies die Anleitung zum Umtopfen von Pflanzen.
b. Markiere die Verben im Aktiv.
c. Schreibe die Tätigkeiten auf die Linien.
d. Schreibe die Tätigkeiten im Passiv darunter.

Beispiel: ich lege eine Schicht aus Tonscherben
eine Schicht aus Tonscherben wird gelegt

ich gebe …

Verben – der Konjunktiv I (indirekte Rede)

Wissen kompakt

Mit dem **Konjunktiv I** können wir wiedergeben, was jemand anderes gesagt hat (indirekte Rede).	*Anna: „Ich bin krank. Der Arzt kommt.“ Anna sagt, sie sei krank und der Arzt komme.*
Auch mithilfe eines dass-Satzes können wir wiedergeben, was jemand anderes gesagt hat.	*Anna sagt, dass sie krank sei und der Arzt komme.*

Mariella erzählt Marcel:

Ich fahre gerne Inliner mit meinen Freundinnen. Wir haben zusammen einen Kurs gemacht. Ich bin gut auf meinen Inlineskates.

Marcel erzählt seinen Freunden:

Mariella sagte, dass sie gerne Inliner mit ihren Freundinnen fahre. Sie erzählte, sie hätten einen Kurs gemacht. Sie meinte, dass sie gut auf ihren Inlineskates sei.

1 Welche Wörter haben sich von der direkten Rede zur indirekten Rede geändert?

a. Markiere die Wörter, die in der direkten Rede hervorgehoben sind, in der Aussage von Marcel.

b. Schreibe die Wortpaare auf.

ich → *sie* ______ *fahre* → ______

wir → ______ *haben* → ______

ich → ______ *bin* → ______

meinen → ______

c. Welche Wortarten haben sich geändert? Notiere.

1. ______

2. ______

d. Es gibt zwei Möglichkeiten, Sätze in der indirekten Rede zu formulieren. Unterstreiche die beiden Möglichkeiten in Marcels Aussage in verschiedenen Farben.

Nun haben die Freunde auch einen Inliner-Kurs gemacht. Sie erzählen Elian davon.

Marcel: Gestern haben wir einen Inliner-Kurs gemacht. Zuerst haben wir die Schutzkleidung richtig angezogen.
Ayden: Dann haben wir das Aufstehen geübt.
Marcel: Dabei habe ich wirklich Probleme gehabt. Ich bin oft umgekippt.
Ayden: Endlich haben wir die praktischen Fahrübungen gemacht. Ich habe viel gelernt.

Elian möchte auch einen Inliner-Kurs machen und erzählt seinen Eltern, was Marcel und Ayden erzählt haben.

2 **a.** Markiere die Personalpronomen, die sich in der indirekten Rede ändern.
b. Markiere die Verben, die sich in der indirekten Rede ändern.

3 Ergänze den Lückentext in der indirekten Rede mit den passenden Wörtern.

Marcel und Ayden erzählten, *sie hätten* einen Inliner-Kurs gemacht.

Zuerst ____________ ______ die Schutzkleidung richtig angezogen.

Dann ____________ ______ das Aufstehen geübt. Marcel meinte,

______ ____________ dabei wirklich Probleme gehabt. ______ ____________

oft umgekippt.

Die beiden ergänzten, ______ ____________ die praktischen Fahrübungen gemacht

und ______ ____________ viel gelernt.

4 Schreibe zwei der Sätze aus der Aufgabe 3 als dass-Satz auf.

____

____

____

____

____

____

Zusammengesetzte Nomen

Wissen kompakt

Wir können Wörter zusammensetzen. So können wir etwas genauer benennen.
Ein zusammengesetztes Nomen hat immer den Artikel des zweiten Nomens.
Nomen + Nomen: das Werkzeug + der Schrank = der Werkzeugschrank
Verb + Nomen: heben + die Bühne = die Hebebühne

Eine Kfz-Werkstatt benötigt eine spezielle Ausstattung und viele unterschiedliche Werkzeuge. Kim zeigt ihrem Lehrer die Werkstatt, in der sie ein Praktikum macht.

Für den Ölwechsel muss die Motorhaube des Autos geöffnet werden. Die Kfz-Mechatroniker* müssen auch oft unter dem Auto arbeiten. Dazu wird es auf die Hebebühne gefahren und angehoben. Jeder Mitarbeiter besitzt einen Werkzeugwagen, in dem er sein Werkzeug lagert und den er zu einem Fahrzeug rollen kann.

*Kfz-Mechatroniker arbeiten in Autowerkstätten. Sie reparieren, überprüfen und warten Fahrzeuge.

1 Markiere im Text die zusammengesetzten Nomen.

2 Ergänze in den Sätzen die passenden Nomen.

Drahtbürste | *Schraubendreher* | *Kerzenschlüssel* | *Drehmomentschlüssel*

Das ist ein elektrischer ____________________, den man für festsitzende Schrauben benutzt.

Diese Bürste hat Drahthaare. Die ____________________ benutzt man, um Rost und Schmutz von den Schrauben zu entfernen.

Bei den Autoreifen müssen die Schrauben mit dem richtigen Drehmoment festgezogen werden. Dazu benutzt man den ____________________.

Für den Ein- und Ausbau von Zündkerzen gibt es einen speziellen Schlüssel, den ____________________.

Redewendungen

Wissen kompakt

Redewendungen sind feststehende Wortverbindungen. Sie haben eine bildhafte, übertragene Bedeutung.

Gesagtes: Spitzt mal die Ohren!
Gemeintes: Hört mal gut zu!

Mia sitzt weinend auf der Bank. „Was ist passiert?", will ihre beste Freundin wissen. „Er hat mir das Herz gebrochen!", schluchzt Mia.

1 **a.** Was sagt Mia zu ihrer besten Freundin?

b. Was meint Mia damit?

2 **a.** Lies die Redewendungen links.

Gesagtes	Gemeintes
sich aus dem Staub machen	Zuneigung zu jemandem entwickeln
jemanden ins Herz schließen	verschwinden
einen Korb bekommen	Freunde, die zusammenhalten
in jemanden verschossen sein	abgewiesen werden
wie Pech und Schwefel zusammenhalten	in jemanden verliebt sein

b. Verbinde die Redewendungen links mit der richtigen Bedeutung rechts.

3 Welche Redewendungen sind in den Bildern dargestellt?

a. Lege eine Tabelle an.
b. Trage in die linke Spalte die Redewendungen mithilfe des Wortspeichers ein.
c. Ergänze rechts die Bedeutung der Redewendung.

Schmetterlinge im Bauch | Herz in der Hose | Stich ins Herz | im Regen stehen | Wolke sieben

Wer oder was? Was tut? – das Subjekt und das Prädikat

Wissen kompakt

Das **Subjekt** sagt uns, **wer** etwas tut.
Mit **Wer oder was?** fragen wir nach dem Subjekt.
Das **Prädikat** sagt uns, **was** jemand **tut**.
Mit **Was tut?** oder **Was tun?** fragen wir nach dem Prädikat.
Der Schiffsführer begrüßt die Schülerinnen und Schüler.

Die Klasse 8b erreicht den Hafen von Lemmer, ein Ort in den Niederlanden. Der Skipper und der Maat* begrüßen die Klasse:

Willkommen am IJsselmeer! Ich bin euer Skipper Hans. Ich zeige euch gleich das Schiff und die Kajüten. Bis zum Abendessen gibt es noch einiges zu tun: Ihr bringt euer Gepäck bitte in die Kajüten unter Deck**, verstaut eure Kleidung und bezieht eure Betten. Danach brauchen wir Freiwillige: Wer trägt die Lebensmittel in die Kombüse? Wer räumt die Lebensmittel in die Schränke? Wer bereitet heute mit unserem Maat das Essen zu?

*der Skipper und der Maat: der Schiffsführer und der Matrose
**unter Deck: im Schiff, drinnen

1 Es geht los: **Was tut** der Skipper? **Was tun** die Jugendlichen? Beantworte die Fragen. Markiere die **Prädikate**.

Der Skipper zeigt der Klasse ______.

Alle Jugendlichen ______

______

______.

2 **Wer** übernimmt welche Aufgabe? Wähle vom Rand aus. Schreibe drei Sätze. Markiere in jedem Satz das **Subjekt**.

Die Mädchen tragen die Lebensmittel in die Kombüse.

______

______

______

die Mädchen, die Jungen, die Lehrerin, Mehmet und Tobias, Kati, Paul und Nihal

Wen oder was? Wem? – das Akkusativ-Objekt und das Dativ-Objekt

Wissen kompakt

Die Objekte geben uns genauere Informationen zum Prädikat.
Mit **Wen oder Was?** fragen wir nach dem Akkusativ-Objekt.
Mit **Wem?** fragen wir nach dem Dativ-Objekt.
Die Jugendlichen erkunden das Schiff und stellen dem Skipper viele Fragen.

Tag 1 auf dem Segelschiff

Der Skipper erklärt den Jugendlichen die Segelkommandos. Gemeinsam ziehen Kati und Mehmet an den Seilen, um das Großsegel zu hissen. Jasmin und Anne stehen am Steuerrad und steuern das Schiff. Der Wind und das leichte Schwanken gefallen den Mädchen. Einige Jungen liegen auf dem Deck und beobachten die Möwen. Paul und Nihal sind unter Deck und helfen dem Maat beim Kochen. Die Lehrerin und der Skipper besprechen die Route für die nächsten Tage.

1 Beantworte die folgenden Fragen in Stichworten.

Was erklärt der Skipper den Jugendlichen? ____________________

Wen oder was beobachten einige Jungen? ____________________

Wem helfen Paul und Nihal unter Deck? ____________________

2 **a.** Stelle zwei weitere Fragen zum Text.
Schreibe die Fragen und die Antworten auf.

Wem gefallen …? | Wem erklärt …? | Wen oder was steuern …? | Was besprechen …?

____

____

____

____

____

Akkusativ-Objekt, Dativ-Objekt

b. Markiere in deinen Antworten das Akkusativ-Objekt oder Dativ-Objekt.

Wo? Wohin? Wie? – die adverbialen Bestimmungen

Wissen kompakt

Die Ortsangabe sagt uns, wo etwas geschieht.
Mit **Wo?** und **Wohin?** fragen wir nach dem Ort.
Die Art und Weise sagt uns, **wie** etwas geschieht oder **wie** etwas ist.
Mit **Wie?** fragen wir nach der Art und Weise:
Paul hockt auf dem Boden und hört dem Skipper aufmerksam zu.

Tag 2 auf dem Segelschiff

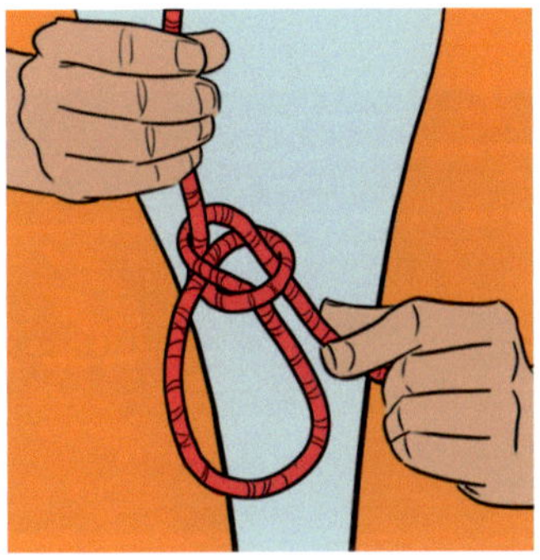

Am Vormittag sitzen einige Jugendliche unter Deck. Der Skipper erklärt ihnen ausführlich, wie man Seemannsknoten macht. Diese Knoten müssen sicher halten, aber auch leicht wieder zu lösen sein. Mehmet, Paul und Kati üben geduldig den Achtknoten und den Palstek. Aufmerksam schauen sie auf die Hände des Skippers. Dieser betont: „Der Palstek ist einer der wichtigsten Knoten. Ihr müsst ihn können, ohne hinzusehen, auch im Dunkeln."

1 Beantworte die Fragen. Markiere dazu im Text den Ort (wo? wohin?) und die Art und Weise (wie?). Zeichne Wellenlinien.

- **Wo** sitzen einige Jugendliche?
- **Wie** erklärt der Skipper die Knoten?
- **Wie** üben Mehmet, Paul und Kati?
- **Wohin** schauen sie aufmerksam?

2 Wo? Wie? Wohin?
Ergänze in den Sätzen passende adverbiale Bestimmungen.
Wähle Wörter und Wortgruppen aus.

fröhlich | mutig | mit einem Schrei | an Bord | auf das Schiff | mitten im IJsselmeer | in der Mitte des Sees

Am Nachmittag ankert das Schiff ______________________.

Einige Jugendliche springen ______________________ ins kalte Wasser.

Über die Strickleiter klettern sie zurück ______________________.

Satzglieder umstellen

Wissen kompakt

Die Satzglieder sind die Bausteine eines Satzes.
Subjekt, **Prädikat** und **Objekte** sind **Satzglieder**.
Auch **adverbiale Bestimmungen** sind **Satzglieder**.
Wir können die Satzglieder umstellen:
Am dritten Tag legten wir im Hafen von Makkum an.
Im Hafen von Makkum legten wir am dritten Tag an.

1 Lies Katis Bericht über die Klassenfahrt.

Segeltour auf dem IJsselmeer

Der Skipper steuerte uns wunderbar über das IJsselmeer. Wir verbrachten vier schöne Tage auf dem Schiff. Wir lernten am ersten Tag das Hissen der Segel. Wir übten am zweiten Tag geduldig die Seemannsknoten. Wir hatten beim gemeinsamen Kochen immer viel Spaß. Wir besuchten am letzten Tag das Tauchmuseum in der Hafenstadt Lemmer. Das IJsselmeer ist übrigens kein Meer, sondern der größte See der Niederlande. Der Name des Sees stammt von dem Fluss IJssel. Der See wird durch einen langen Deich von der Nordsee abgetrennt. Wir können euch eine Segeltour auf dem IJsselmeer sehr empfehlen.

Du kannst die Satzanfänge abwechslungsreicher gestalten.
Dazu kannst du in einigen Sätzen die Satzglieder umstellen.

2 a. Wähle drei Sätze aus dem Text aus.
b. Stelle die Satzglieder um und schreibe die Sätze neu auf.
Tipp: Manchmal kannst du einen Satz auch mehrmals verändern.

Auf dem Schiff …
Vier schöne Tage …
Am ersten Tag …
Geduldig …

3 Schreibe den Text neu in dein Heft. Achte auf abwechslungsreiche Satzanfänge.

Satzglieder wiederholen

Wissen kompakt

Das **Prädikat** sagt, was jemand tut oder was geschieht. Mit **Was tut?** oder **Was hat getan?** fragen wir nach dem Prädikat. Manchmal bildet es eine Klammer.	*Seit Jahren schützen Menschen Wölfe vor Wilderern. Was tun Menschen? Die Menschen schützen Wölfe.*
Das **Subjekt** kann eine Person oder eine Sache sein. Mit **Wer oder was?** fragen wir nach dem Subjekt.	*Wer schützt die Wölfe? Menschen schützen die Wölfe.*
Mit **Wen oder was?** fragen wir nach einem **Akkusativ-Objekt**. Mit **Wem?** fragen wir nach einem **Dativ-Objekt**.	*Wen schützen die Menschen? Die Menschen schützen Wölfe. Vor wem schützen die Menschen Wölfe? Die Menschen schützen Wölfe vor Wilderern.*

Wölfe

Seit einigen Jahren werden wieder Wölfe in Deutschland gesehen.
Sie wanderten aus Osteuropa ein. Auf alten, verlassenen Plätzen konnten sie ihre Jungen großziehen.
Wölfe fressen am liebsten andere Waldtiere.
Besitzer von Nutztieren machen sich große Sorgen um ihre Tiere.
Manchmal reißen Wölfe auch Schafe oder Ziegen.
Wölfe gehen Menschen aus dem Weg.

1 **a.** Übertrage die Tabelle in dein Heft. Nimm die Seite quer.
b. Trage die Sätze aus dem Text in die Felder ein.
c. Stelle drei Sätze um, indem du die Satzglieder vertauschst.
d. Markiere das Satzglied, das durch die Umstellung besonders betont wird.

Vorfeld	*linkes Verbfeld*	*Mittelfeld*	*rechtes Verbfeld*
Seit einigen Jahren	*werden*	*…*	*…*

2 Frage nach …
a. … dem Prädikat in jedem Satz. Markiere es.
b. … dem Subjekt in jedem Satz. Markiere es.
c. … dem Akkusativ-Objekt in Satz 6. Markiere es.
d. … dem Dativ-Objekt in Satz 7. Markiere es.
e. Schreibe alle Fragen und Antworten in dein Heft.

Sätze mit **weil**, **wenn**, **damit**, **während**

Wissen kompakt

Satzgefüge bestehen aus einem **Hauptsatz** und einem **Nebensatz**. Mit einem Nebensatz können wir erklären, aus welchem Grund (weil), unter welcher Bedingung (wenn), zu welchem Zweck (damit) oder wann (während) etwas passiert: *Tarik hört Musik, **während** er die Zeitungen austrägt.*

Cem arbeitet in den Ferien in einem Betrieb für Gartenbau. Er erzählt:

Die Arbeit macht Spaß, weil ich gerne draußen bin. Wir müssen regelmäßig das Unkraut aus den Beeten entfernen, damit es im Park gepflegt aussieht. Manchmal bedankt sich sogar ein Spaziergänger bei uns. Wenn es länger nicht geregnet hat, lassen wir einen Rasensprenger über den Rasen und die Blumenbeete laufen. Wir dürfen eine Pause machen, während der Rasensprenger läuft.

1 Markiere im Text die Konjunktionen. Unterstreiche die Nebensätze.

2 Welche Konjunktionen passen zu den Nebensätzen? Schreibe die Sätze vollständig in dein Heft.

weil, wenn, damit, während

Die Hecken werden immer geschnitten, _____ sie zu hoch gewachsen sind. Der Chef schneidet sie mit der elektrischen Heckenschere, _____ ich die Zweige zusammenfege. Ich trage Arbeitshandschuhe, _____ ich mich nicht verletze. Die Arbeit gefällt mir, _____ man Ausdauer und Kraft braucht.

Was machen Cems Freunde in den Ferien?

3 **a.** Welcher Nebensatz passt zu welchem Hauptsatz? Ordne zu. Verbinde die Sätze mit einer passenden Konjunktion. Tipp: Es gibt mehrere Möglichkeiten

Tarik trägt jede Woche Zeitungen aus,		die Eltern dies erlauben.
Anna besucht einen Babysitter-Kurs,	**weil**	er gerne draußen unterwegs ist.
Naomi kann bei der Apfelernte helfen,	**wenn**	sie auf das Baby der Nachbarn aufpassen möchte.
Paul arbeitet in der Eisdiele,	**damit**	er/sie etwas Geld verdient.
		das Wetter gut ist.

b. Schreibe vier Sätze in dein Heft.

Relativsätze

Wissen kompakt

Relativsätze sind Nebensätze. Mit einem Relativsatz können wir ein Nomen in einem Hauptsatz näher erklären. Wir leiten Relativsätze mit einem Relativpronomen (der, das, die) ein.
Das Sommercamp, das am See stattfindet, macht allen viel Spaß.

Lara arbeitet in den Ferien im Altenheim.

Laras **Onkel**, der Altenpfleger ist, hat Lara viel von seiner Arbeit erzählt. Lara fährt nun einmal in der Woche in ein **Altenheim**, das an einem großen Park liegt. Dort arbeitet sie ehrenamtlich*. Lara kümmert sich um zwei **Frauen**, die sich eine Begleitung beim Spazierengehen wünschen. Oder sie liest einem **Mann**, der nicht mehr gut sehen kann, Artikel aus der Zeitung vor. Wenn noch Zeit bleibt, hilft Lara dem **Praktikanten**, der es immer eilig hat, Kaffee und Tee zu verteilen.

*ehrenamtlich: freiwillig, ohne Bezahlung

1 Im Text sind einige Nomen hervorgehoben.
a. Unterstreiche die Relativsätze, die diese Nomen näher erklären.
b. Markiere jeweils das Relativpronomen.

2 Was machen Laras Freunde in den Ferien? Ergänze die Sätze.
Finde einen passenden Relativsatz, der das Nomen näher erklärt.

die in den Ferien auch zu Hause bleiben | *die sie lange nicht gesehen hat* | *das er schon zum dritten Mal besucht* | *der auf der Insel Fehmarn arbeitet*

Cem freut sich auf das Sommercamp, ______________________________
______________________________.

Annie trifft sich mit ihren Freunden, ______________________________
______________________________, fast jeden Tag im Schwimmbad.

Luka fährt zu seinem Vater, ______________________________.

Meral besucht ihre Cousinen, ______________________________
______________________________, im Ferienhaus am Bodensee.

Nebensätze erkennen und bilden

Wissen kompakt

Relativsätze sind Nebensätze. Sie beschreiben ein vorangegangenes Nomen näher. Relativsätze werden durch ein **Relativpronomen** eingeleitet und durch ein Komma vom Hauptsatz getrennt.

der, die, das, welcher, welche, welches

Bedrohte Tierarten sind Tierarten, die in nur geringer Anzahl in der freien Wildbahn leben.

Bedrohte Tierarten

Tier- und Pflanzenarten, die als bedroht gelten, werden in einer so genannten Roten Liste von der Weltnaturschutzunion erfasst. In der aktualisierten Roten Liste aus dem Jahr 2020 werden 32 442 Tiere und Pflanzen erfasst, die vom Aussterben bedroht sind. Allgemein kann man sagen, dass der Klimawandel und auch der Mensch, der Lebensräume von Arten zerstört, dazu beitragen. Auch in Deutschland gibt es viele bedrohte Tierarten. Dazu gehört z. B. der Feldhamster, der bei uns immer weniger Lebensraum findet.

1 Im Text findest du einige Relativsätze.
a. Unterstreiche die Relativsätze.
b. Markiere die Nomen, auf die sich die Relativsätze beziehen.
c. Markiere jeweils das Relativpronomen.

2 Bilde Satzgefüge mit Relativsätzen.
a. Markiere in den Satzgefügen die Relativsätze.
b. Ergänze jeweils das passende Relativpronomen aus dem Wortspeicher.

der, das, der

Naomi weiß, dass der Eisbär, ______ auch Polarbär genannt wird, bis 2050 verschwinden könnte. Tarek ergänzt, dass die Erwärmung der Erde die Ursache ist. Der menschenverursachte Klimawandel, ______ den Lebensraum des Eisbären bedroht, lässt das Eis schmelzen.

Anna hat gelesen, dass auch die Koalas in Australien gefährdet sind. In dem Land, ______ von verheerenden Buschfeuern heimgesucht wurde, wurden große Teile des Lebensraums dieser Tiere zerstört.

Nebensätze als Satzglieder: Subjekt- und Objektsätze

Wissen kompakt

In **Satzgefügen** können Nebensätze auch die Rolle des Subjekts oder des Objekts einnehmen. In diesem Fall sprechen wir von **Subjekt-** bzw. **Objektsätzen**. Häufig werden sie mit der **Konjunktion dass** eingeleitet.

Es ist klar, dass Tierschutz wichtig ist.
(Wer oder was ist klar? Subjektsatz)
Jeder weiß, dass Tierschutz wichtig ist.
(Wen oder was weiß jeder? Objektsatz)

1 Bilde Subjektsätze mit „dass". Denke an das Komma vor der Konjunktion.

A Man kann sagen. Haie gehören zu den ältesten Tieren der Welt.

Man kann sagen, dass Haie zu den ältesten Tieren der Welt gehören.

B Aber es ist bekannt. Menschen haben viele Haiarten ausgerottet.

C Es ist richtig. Illegales Fischen und der Klimawandel sind die Ursachen.

D Es wird vermutet. Der Chinesische Flussdelfin ist bereits ausgestorben.

2 Bilde Objektsätze mit „dass". Denke an das Komma vor der Konjunktion.

A Die Lehrerin erklärt. Sumatra-Nashörner verlieren ihren Lebensraum.

B Die Schülerinnen und Schüler erfahren. Der natürliche Lebensraum ist der Wald.

C Der Film zeigt. Der Wald wird gerodet.

D Die Doku erklärt. Die Bäume werden für die Papierherstellung verarbeitet.

Wörter verlängern

Wissen kompakt

Manchmal muss ich prüfen, mit welchem Buchstaben ich ein **Wort am Ende** schreiben muss. Um dies hören zu können, **verlängere** ich das Wort.
Bei **Nomen** bilde ich den **Plural** (die Mehrzahl). Bei **Adjektiven** bilde ich eine **Wortgruppe**. Bei **Verben** bilde ich die **Grundform** (den Infinitiv).

t oder d? *der Aben? – die Abende, also: der Abend*
p oder b? *lie? – ein lieber Hund, also: lieb*
k oder g? *er ma? dich – mögen, also: er mag dich*

1 **a.** Verlängere die Verben: Lies sie laut und bilde die Grundform.
b. Schreibe die Grundform und das Verb auf.

es wir? besser *werden, also: es wird besser*

sie schrie? einen Brief ______

er ga? ihr das Geschenk ______

ich schwie? einen Moment ______

sie fan? den Weg ______

2 Im folgenden Text sind einige Wörter blau gedruckt.
a. Finde die richtige Schreibweise durch Verlängern heraus. Ergänze den richtigen Buchstaben am Ende der Wörter.

p oder b?
t oder d?
k oder g?

Der Nachthimmel

1 Auf dem Dachboden meines Onkels | **la__** ein altes Fernglas. |
2 Es war **spannen__**, | damit in den Nachthimmel zu schauen. |
3 Ich **blie__** manchmal lange wach, | um den **Mon__** und
4 die Sterne | zu beobachten. | Aber bei bewölktem Himmel |
5 war es **schwieri__**, etwas zu erkennen.

liegen, also: lag, ______

______

______

b. Schreibe den Text richtig in dein Heft.

Wörter ableiten

Wissen kompakt

In vielen Wörtern klingen **ä** und **e** ähnlich, **äu** und **eu** klingen gleich.
Ich prüfe, ob ich das Wort von einem **verwandten Wort** mit **a** oder **au** **ableiten** kann. Dann muss ich **ä/äu** schreiben.
ä oder e? *die K?lte – kalt, also: die Kälte*
äu oder eu? *aufr?men – der Raum, also: aufräumen*
Einige Wörter mit **ä** muss ich mir merken: *das Mädchen, der Bär, ärgern.*

1 a. Markiere in den Wörtern **ä** und **äu**.

auswählen | das Pflänzchen | kräftig | die Bäume | aufschäumen | häufig

b. Leite die Wörter ab. Schreibe jedes Wort mit einem verwandten Wort auf.

auswählen – die Wahl, ____________________

____

c. Wähle drei Wörter aus. Schreibe jeweils einen Satz in dein Heft.

2 Markiere im folgenden Text die Wörter mit **ä** und **äu**.

Sternbilder

der Große Wagen

Die Sternbilder am nächtlichen Himmel | dienen den Seefahrern | seit jeher zur Orientierung. | Ein Sternbild besteht aus | einer kleinen Gruppe von Sternen, | die immer die gleichen Abstände voneinander haben. | Ihre räumliche Anordnung | erinnert an Figuren oder Tiere. | Einige Sternbilder | wie der Große Wagen oder der Kleine Bär | sind ganzjährig zu beobachten, | andere nur zu bestimmten Jahreszeiten. | Mit etwas Übung | kann man Sternbilder freiäugig, | also ohne Fernglas, erkennen.

3 a. Leite deine markierten Wörter ab. Schreibe die Wörter mit **ä** und **äu** auf und ergänze jeweils ein verwandtes Wort mit **a** oder **au**.

nächtlichen – die Nacht, ____________________

____

b. Welches Wort mit **ä** lässt sich nicht ableiten? Kreise es im Text ein.

c. Schreibe den Text in dein Heft.

Wörter verlängern und ableiten

Wissen kompakt

b oder **p**? **d** oder **t**? ***g*** oder **k**? Manchmal reichen das deutliche Sprechen und genaue Hinhören nicht aus. Dann kannst du das Wort verlängern.
– Bilde bei Nomen die Mehrzahl (den Plural).
  d oder t? *das Bil? – die Bil**d**er* also: *das Bil**d***
  Gibt es keine Pluralform, suche ein verwandtes Wort.
– Verwende Adjektive in Wortgruppen.
  g oder k? *klu? – die klu**g**e Katze*, also: *klu**g***
– *Finde bei Verben die Grundform (den Infinitiv).*
  b oder p? *er blie? – blei**b**en*, also: *er blie**b***
– Trenne Zusammensetzungen und verlängere die einzelnen Wörter.
In vielen Wörtern klingen **ä** und **e** ähnlich, **äu** und **eu** klingen gleich.
Leite Wörter mit **ä** und **äu** von verwandten Wörtern mit **a** und **au** ab.
ä oder e? – *B?cker*, ein verwandtes Wort = *b**a**cken*, also: *B**ä**cker*
äu oder eu? – *s?gen*, ein verwandtes Wort = *S**äu**getier*, also: *s**au**gen*

1 Finde die richtige Schreibweise durch Verlängern heraus und ergänze die Lücken.

Lisa ist neugieri__(g/k), sie beobachtet jeden Aben__(d/t) den Himmel.

Gespannt verfol__(g/k)t sie jede Änderung im Sternbil__(d/t).

Vor allem im Sommerurlau__(p/b) verblei__t (b/p) sie andauern__(d/t) und

stundenlan__(g/k) vor ihrem Stan__(d/t)telesko__(p/b).

Wenn es viele Wolken am Himmel gi__(p/b)t, ist Lisa immer etwas trauri__(g/k).

2 **a.** Markiere in den Wörtern jeweils die Stelle, an der man den Buchstaben verwechseln kann.

säubern – das Päckchen – die Sträucher – ändern – ängstlich –
er lässt – sie läuft – die Schläuche – wärmen – täglich

b. Schreibe sechs der Wörter mit dem abgeleiteten Wort auf:

säubern – denn: sauber

c. Wähle vier Wörter und bilde jeweils einen Satz. Schreibe in dein Heft

Ⓡ Regelwissen anwenden: Nomen großschreiben

Wissen kompakt

Nomen schreibe ich **groß**. Mit diesen Merkmalen kann ich prüfen, ob das Wort ein Nomen ist. Oft erkenne ich mehrere Merkmale.
Ich prüfe, ob das Wort
– Personen, Lebewesen oder Gegenstände bezeichnet: *die Wissenschaftlerin.*
– von einem Artikel begleitet wird: *in den Nächten, ein Traum.*
– von einem Adjektiv begleitet wird: *ein heftiger Regenschauer.*
– mit **-ung, -heit, -keit, -nis** oder **-schaft** endet: *die Dunkelheit, die Finsternis.*

Sternschnuppen

Viele **Menschen** wünschen sich etwas, | wenn sie am Himmel | eine **Sternschnuppe** sehen. | Sternschnuppen sind kleine **Gesteinskörner** | aus dem **Weltall**, | die in der Atmosphäre der Erde verglühen. | In der **Wissenschaft** | werden sie Meteore genannt. | Jedes Jahr um den 12. August | bietet sich die beste **Möglichkeit**, | sehr viele Sternschnuppen zu beobachten. | Dann nähern sich die Perseiden* der Erdumlaufbahn. | Ob aber die **Wünsche** der **Sternengucker** | wirklich in **Erfüllung** gehen, | kann niemand wissen.

*die Perseiden: ein Schauer von Sternschnuppen, der zuerst im Sternbild Perseus zu sehen ist

1 Im Text sind einige **Nomen** blau gedruckt.
Schreibe die Nomen zu den passenden Merkmalen.
Tipp: Oft weisen mehrere Merkmale auf ein Nomen hin.

Personen, Lebewesen, Gegenstände	
von einem Artikel begleitet	*eine Sternschnuppe,*
von einem Adjektiv begleitet	
mit **-ung, -heit, -keit, -nis** oder **-schaft** am Wortende	

2 **a.** Wähle vier Nomen aus dem Text aus. Schreibe je einen Satz in dein Heft.
b. Schreibe den Text in dein Heft.

Regelwissen anwenden: Großschreibung

Wissen kompakt

Nomen schreibst du **groß**. Mit diesen Tipps erkennst du sie:
- Prüfe, ob Personen, Lebewesen oder Gegenstände bezeichnet werden.
- Prüfe, ob das Wort von einem Artikel begleitet wird.
- Prüfe, ob das Wort von einem Adjektiv begleitet wird.
- Prüfe, ob das Wort die Nachsilbe -ung, -heit, -keit, -tun, -nis, -schaft hat.
- Prüfe, ob vor dem Wort eine Präposition steht.
- Prüfe, ob vor dem Wort ein Pronomen steht.

Ein Himmel voller Sterne

In der **Nacht** | lassen sich | mit bloßem **Auge** | viele schöne **Himmelskörper** | erkennen. | Neben einzelnen | selbst leuchtenden **Sternen** | sind auch | bei **Finsternis** | die **Planeten** | nachts erkennbar. | Auch unser **Mond** | sowie die **Monde** | der fremden **Planeten** | lassen sich | oft schon | bei **Dämmerung** | aufgrund ihrer **Helligkeit** | gut beobachten.

1 Im Text sind die Nomen markiert.
- **a.** Markiere alle Begleitwörter: Artikel, Adjektiv, Präposition, Pronomen.
- **b.** Unterstreiche die Nachsilben.
- **c.** Wähle vier der markierten Nomen und bilde je einen neuen sinnvollen Satz.

Mit einigem glück lässt sich hin und wieder ein komet am nachthimmel beobachten. Dabei handelt es sich um einen körper, der nahe an der sonne vorbeifliegt.
Ebenfalls am himmel erkennbar sind die bereiche in der nähe anderer sterne. Diese nennt man auch kosmische staubnebel. Einer der bekanntesten nebel ist der orionnebel. Hast du diesen namen schon mal gehört?

Achtung: Fehler!

2 Im Text sind nur die Satzanfänge großgeschrieben.
- **a.** Finde alle 13 Nomen und unterstreiche sie.
- **b.** Schreibe den Text fehlerfrei in dein Heft.

Checkpunkt 3: Wörter ableiten

▶ Wörter ableiten, S. 99

In vielen Wörtern klingen **ä** und **e** ähnlich, **äu** und **eu** klingen gleich.
Wenn ich ein verwandtes Wort mit **a/au** finde, dann schreibe ich **ä/äu**.

3 In den folgenden Sätzen sind jeweils zwei Fehlerwörter rot gedruckt.
a. Leite die Wörter ab.
b. Schreibe jeden Satz richtig auf.

Mein Bruder schleft in kalten Winternechten mit einer Mütze.

schlafen → schläft

Vielleicht treumt er von Schneemennern oder einer Schlittenfahrt.

Meine Bücher stapeln sich heufig auf dem Schrenkchen neben dem Bett.

Checkpunkt 4: Wortfamilien richtig schreiben

Wörter aus einer Wortfamilie haben den gleichen Wortstamm.
Ich finde ein verwandtes Wort aus der Wortfamilie, das ich sicher schreiben kann.

4 In den folgenden Sätzen sind die Fehlerwörter aus zwei Wortfamilien rot gedruckt.
a. Finde jeweils ein verwandtes Wort aus der Wortfamilie.
Schreibe die Fehlerwörter richtig dahinter.
b. Schreibe die Sätze richtig in dein Heft.

Die Geheimzal sollte man niemandem verraten.
Bei vollständiger Dunkelheit sieht man unzälige Sterne am Himmel.
Kannst du alle acht Planeten aufzälen, die um die Sonne kreisen?

die Zahl:

Der Chef nahm eine telefonische Bestelung auf.
Ich legte die bestelten Waren in den Karton.
Kannst du dir vorstelen, ein Praktikum in einer Bäckerei zu machen?

R **Checkpunkt 5: Regelwissen anwenden: Nomen großschreiben**

▶ Regelwissen anwenden, S. 101

Ich prüfe, ob das Wort:
– Personen, Lebewesen oder Gegenstände bezeichnet,
– von einem Artikel oder von einem Adjektiv begleitet wird,
– mit **-ung, -heit, -keit, -nis** oder **-schaft** endet.

5 Im folgenden Satz sind alle Nomen kleingeschrieben.
a. Markiere die Nomen und schreibe sie mit ihren Artikeln richtig auf.
b. Schreibe den Satz richtig in dein Heft.

Die wissenschaftlerinnen und wissenschaftler, die sich mit der erforschung des unendlichen weltalls beschäftigen, nennt man astronomen.

Du kannst nun einen Text mit dem Rechtschreib-Check überprüfen.

6 Der folgende Text enthält sieben Fehlerwörter, die markiert sind.
a. Überprüfe die Fehlerwörter mithilfe der Checkpunkte 1 bis 5.

Achtung: Fehler!

Die Astronomie

Die Astronomie gilt | als die elteste naturwissenschaft. | Schon immer wollten die Menschen | die Bewegung unseres Mondes | und der anderen Himelskörper verstehen. | Im Jahr 1608 | erfant der Brillnmacher Hans Lipperhey | das erste funktionsfähige fernrohr. | Auch der Astronom Galilei | konstruierte ein Jahr später | ein Fernrohr, mit dem er die Planeten | und eine Vielzal bisher unbekannter Sterne | beobachten konnte.

b. Schreibe die Wörter richtig auf. Nutze die passenden Checkpunkte:

1: Sprechen – hören – gliedern ______

2: Wörter verlängern ______

3: Wörter ableiten ______

4: Wortfamilien richtig schreiben ______

5: Nomen großschreiben ______

7 Schreibe den Text Die Astronomie fehlerfrei in dein Heft.

Den Rechtschreib-Check anwenden: Schreibentscheidungen treffen und begründen

Beim Schreiben hilft dir der Rechtschreib-Check, dich für die richtige Schreibung zu entscheiden und Fehler zu vermeiden.

1 Entscheide mithilfe des Rechtschreib-Checks über die Schreibung der hervorgehobenen Wörter.

▶ Der Rechtschreib-Check, S. 104–106

a. Streiche die falsche Schreibweise durch.

Sternschnuppen

Zwischen den Planeten des inneren **sonnensystems/Sonnensystems** befinden sich mehrere **hundert/hunderd** Kometen, die dort die meiste Zeit ihres **daseins/Daseins ferbringen/verbringen**. Sie ziehen Schweife aus Gas und Staub hinter sich her. Die Staubkörner, die nicht größer sind als **Sandkörner/Santkörner**, nennt man Meteore. Wenn diese auf die dünne Luft über der Erde aufprallen, werden sie sehr schnell sehr heiß. Sie verbrennen und malen dabei helle Streifen in den Nachthimmel. Das ist es, was wir als Sternschnuppen bezeichnen. Wenn ihr den Himmel in einer klaren Nacht lange **genug/genuk** beobachtet, werdet ihr mit Sicherheit eine Sternschnuppe sehen können. Zu bestimmten Zeitpunkten im Jahr **durchleuft/durchläuft** die Erde einen Kometenschweif. Dann können mitunter 100 Sternschnuppen in einer Stunde beobachtet werden. Es kommt auch vor, allerdings nur selten, dass ein **Meteorregen/Meteoregen** den ganzen Nachthimmel erhellt. Wer im Jahr 1966 [...] Leonid gesehen hat, konnte rund 40 Sternschnuppen pro Sekunde bewundern! V

b. Begründe die Schreibung der hervorgehobenen Wörter mithilfe des Rechtschreib-Checks. Sortiere sie den Checkpunkten zu.

Checkpunkt 1 (Sprechen – hören – gliedern): ____________________

Checkpunkt 2 (Wörter verlängern): ____________________

Checkpunkt 3 (Wörter ableiten): ____________________

Checkpunkt 4 (Wortfamilien richtig schreiben): ____________________

Checkpunkt 5 (Regelwissen anwenden): ____________________

Zusammenschreibung: Nomen + Verb

Wissen kompakt

Wortgruppen aus **Nomen + Verb** muss ich meistens getrennt schreiben:
Adrian möchte Hockey spielen. Lars möchte Fahrrad fahren.
Werden aus diesen Wortgruppen Nomen, muss ich sie zusammenschreiben.
Die Signalwörter **das, beim, zum** weisen mich auf die Nomen hin:
das Hockeyspielen, beim Bergsteigen, zum Schlittschuhlaufen.

Pläne für die Ferien

Kemal und Lars treffen sich | **zum Fahrradfahren**. | Sie sprechen | über die Ferien. | „Wir fahren | in die Berge“, | erzählt Kemal. | „Diesmal werden wir | mit dem Zug reisen, | das finde ich gut. | Aber am meisten | freue ich mich auf **das Bergsteigen**!“ | Lars berichtet: | „Meine Mutter beginnt | eine neue Arbeit, | deshalb bleiben wir zu Hause. | Aber ich habe ein neues Hobby.“ | „Lass mich raten“, | sagt Kemal. | „Du fängst **das Hockeyspielen** an.“ | „Nein“, lacht Lars. | „Es ist die Schatzsuche | mit dem Smartphone. | Das wird viel interessanter, | als sich **beim Bergsteigen** zu langweilen.“

1 Was plant Lars in der Ferien? Schreibe einen Satz auf.

2 Einige Wortgruppen sind im Text blau gedruckt. Schreibe sie auf.

3 Ergänze die folgenden Sätze. Wähle eine passende Wortgruppe aus.

zum Computerspielen | zum Englischlernen | beim Hockeyspielen | beim Skateboardfahren

Am Nachmittag verletzt sich Kemal ______________________.

Tina und Kemal treffen sich ______________________.

4 Schreibe den Text Pläne für die Ferien in dein Heft.

Getrennt- und Zusammenschreibung

Wissen kompakt

Wortgruppen aus **Nomen + Verb** sowie Wortgruppen aus **Verb + Verb** werden meistens getrennt geschrieben: *Computer spielen, laufen lernen.*
Werden die Wortgruppen nominalisiert, schreibst du zusammen:
beim Computerspielen, das Laufenlernen.
Die Signalwörter das, beim, zum und vom machen Verben zu Nomen.

Schatzsuche 2.0

Wenn du keine Lust | **zum Computerspielen** | hast | oder dich | **das Lesenüben** | nervt, | gehst du am besten | nach draußen. | Bei einer Orientierungswanderung | kommst du | auf andere Gedanken. | Die Teilnehmer | erhalten eine Karte | und ein Smartphone. | Auf der Karte | ist nur | der erste Anlaufpunkt | eingetragen. | Mithilfe des Smartphones | wird das erste Ziel | gesucht. | Dort findet man | Hinweise | auf den nächsten Zielpunkt. | So kann | der Wettbewerb | beliebig erweitert werden. | Wer das Ziel | in der schnellsten Zeit | erreicht, | gewinnt den Schatz. | Und wer lieber trödelt, | bekommt **beim Spazierengehen** | wenigstens frische Luft.

1 Was braucht man für die Orientierungswanderung? Antworte in einem Satz.

2 Im Text sind einige Wortgruppen hervorgehoben.
a. Markiere in den Wortgruppen die Signalwörter für die Nominalisierung.
b. Schreibe mit jeder Wortgruppe einen eigenen sinnvollen Satz auf.

3 Schreibe den Text Schatzsuche 2.0 ab. Schreibe in dein Heft.

Fachbegriffe

Wissen kompakt

In jedem Beruf gibt es typische **Fachbegriffe**, die Geräte oder Werkzeuge **genau benennen**. Für mein Praktikum muss ich die Fachbegriffe kennen und auch richtig schreiben: Beruf Köchin/Koch: *der Stabmixer, der Quirl.*

Benni erzählt von seinem Praktikum im Restaurant:

Mein erster Tag im Restaurant | war anstrengend. | Ich musste | die sauberen **Bestecke** und **Servietten** | in den Gastraum bringen. | Danach half ich in der Küche. | Der Koch sagte: | „Gib mir bitte mal den **Schneebesen**." | „Wieso, hat es etwa geschneit?", | fragte ich. | Der Koch lachte. | Er erklärte mir, | dass der Schneebesen ein Küchengerät ist, | mit dem man | flüssige Zutaten aufschäumen kann. | Dann lernte ich, | wie man Eiweiß | für eine Nachspeise schaumig schlägt.

1 Welche Tätigkeit lernte Benni an seinem ersten Praktikumstag? Schreibe einen Satz auf.

____

2 Im Text wird der Fachbegriff Schneebesen erklärt. Schreibe die Erklärung auf.

Der Schneebesen ist ein ______________________, mit dem man ______________________________.

3 **a.** Verbinde die Fachbegriffe mit den passenden Erklärungen.

das Besteck		ein Teil der Tischwäsche, sie besteht aus Stoff oder Papier
die Serviette		ein großer Löffel mit Löchern, mit dem man Schaum abschöpfen kann
der Schaumlöffel		ein Gerät, in dem man die Teller vor dem Servieren anwärmen kann
der Tellerwärmer		das Messer, die Gabel, der Löffel

b. Schreibe die Fachbegriffe mit den Erklärungen in dein Heft.

das Besteck: das Messer, die Gabel, der Löffel

Fachbegriffe

Wissen kompakt

Fachbegriffe bezeichnen einen Gegenstand oder einen Vorgang sehr genau.
Es gibt sie in jedem Beruf.
Beispiele: in der Tischlerwerkstatt: *die Kombizange, der Hobel, die Furniere.*

In der Tischlerei

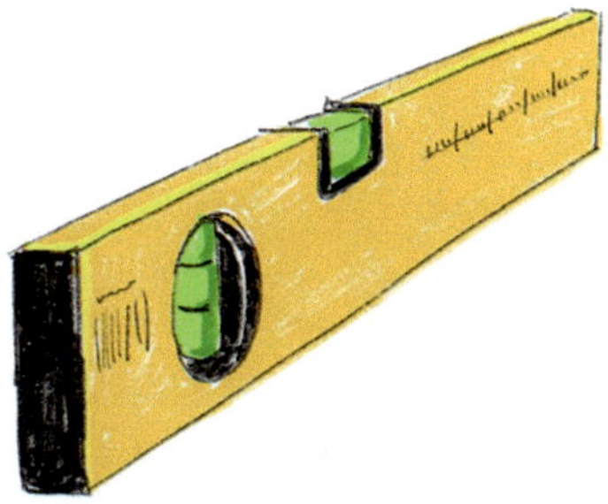

Louisa berichtet: | „Das Betriebspraktikum | machte ich | in der Tischlerei Hensel. | Ich wurde | dem Gesellen Hans zugeteilt. | Zusammen arbeiteten wir | an der **Kreissäge**. | Wir sollten | **Eichenbalken** zuschneiden. | Hans sagte: | ‚Das **Werkstück** sieht | etwas schief aus. | Gib mir bitte | die **Wasserwaage**.‘ | Glücklicherweise | kannte ich die | aus unserem Hobbykeller. | Als ich sie anreichte, | rief Hans ganz entsetzt: | ‚Aber da fehlen ja | die Gewichte! | Hol sie doch rasch | aus dem Lager!‘ | Der **Lagerist** schmunzelte, | als ich die Gewichte | für die Wasserwaage | verlangte. | ‚Da hat Hans | dich ja schön reingelegt‘, | meinte er grinsend. | Ich beschloss, | mir den Ärger | nicht anmerken zu lassen | und sagte zu Hans: | ‚Wir konnten die Gewichte | nicht finden. | Vielleicht weißt du, | wo sie sind?‘“

1 Weshalb ärgert sich Louisa? Antworte in einem Satz.

____

2 Im Text sind fünf Fachbegriffe hervorgehoben. Ordne die Fachbegriffe ihren Bedeutungen zu. Schlage im Zweifelsfall im Wörterbuch nach.

die Kreissäge	verwaltet ein Warenlager
der Eichenbalken	eine Säge mit rundem Sägeblatt
das Werkstück	ein Prüfgerät zur Ausrichtung eines Objektes
die Wasserwaage	ein Balken aus Eichenholz
der Lagerist	ein Gegenstand, an dem gearbeitet wird

3 Hans beschreibt verschiedene Tätigkeiten in der Tischlerei:
„Tischler/-innen sägen, hobeln und verarbeiten Furniere. Sie verlegen Parkettböden und montieren Einbaumöbel."
Erläutere die hervorgehobenen Tätigkeiten in deinem Heft. Schlage im Zweifelsfall nach.
Setze die Satzanfänge fort:

Tischler/-innen verarbeiten Furniere, das sind …
Sie montieren Einbaumöbel, das heißt, sie …

4 Schreibe den Text In der Tischlerei ab. Schreibe in dein Heft.

Fremdwörter

Wissen kompakt

Wörter wie *die Fantasie* und *die Taktik* sind **Fremdwörter**, das heißt, sie stammen eigentlich aus einer anderen Sprache. Viele **Nomen**, die Fremdwörter sind, haben die Endungen **-ie** oder **-ik**: *die Biolog**ie**, die Techn**ik***.

Die Bionik

Die **Bionik** verbindet | die Wissenschaft **Biologie** mit der **Technik**. | Aber auch Bereiche | aus der **Physik** und **Chemie** | spielen eine wichtige Rolle. | Forscherinnen und Forscher, | die in der Bionik arbeiten, | nennt man Bioniker. | Sie untersuchen | besondere Eigenschaften von Pflanzen und Tieren, | um die Erkenntnisse dann | für eine neue **Technologie** zu nutzen. | So erforschten Bioniker zum Beispiel, | wie die Blätter der Lotusblume | sich selbst reinigen. | Wasser und Schmutz | perlen einfach ab. | Diese Erkenntnisse nutzt man | beispielsweise für den Anstrich von Hauswänden | oder für Autolacke.

1 Was ist das Besondere an den Blättern der Lotusblume? Schreibe einen Satz auf.

2 Im Text sind einige Fremdwörter blau gedruckt.
a. Schreibe sie mit dem bestimmten Artikel in die Tabelle.
b. Markiere die Endungen **-ie** und **-ik**.

Fremdwörter auf -ie	Fremdwörter auf -ik
die Bionik,	

3 Schreibe auch die folgenden Fremdwörter in die Tabelle.

die Batterie | *die Energie* | *die Fabrik* | *die Fantasie* | *die Klinik* | *die Taktik*

4 Schreibe den Text Die Bionik in dein Heft.

Fremdwörter

Wissen kompakt

Fremdwörter erkennt man oft an ihren Endungen (Suffixen).
Viele **Nomen** haben die **Suffixe** -ie oder -ik: *die Theorie*, *die Technik*.
Viele **Adjektive** haben das **Suffix** -iv: *negativ*, *exklusiv*.

Von der Natur abgeschaut

Das Wort **Bionik** | setzt sich aus den Wörtern | **Bio**logie und Techn**ik** zusammen. | Es bedeutet, | von der Natur | für die **Technik** zu lernen. | Ein Beispiel | ist der Schiffsbau. | Lange überlegten Wissenschaftler | der Bereiche **Physik**, | **Chemie**, **Biologie** | und **Mathematik**, | wie sie den Schiffsboden | von Bewuchs | frei halten könnten. | Denn der verringerte | die Geschwindigkeit. | Zuerst löste man das Problem | mit einem giftigen Anstrich, | der eine Umweltbelastung darstellte. | Später beobachteten Forscher | **intensiv** Haie, | weil diese | zu den schnellsten Schwimmern | in den Meeren zählen. | Mit viel **Energie** versuchte man, | von der Natur zu lernen | und die Haut der Haie nachzubauen. | Schließlich war | das Ergebnis **positiv**. | Der Schiffsboden ließ | fast keinen Bewuchs | mehr zu. | Auch von anderen Tieren | lernen Wissenschaftler, | sogar von Spinnen.

1 Im Text sind die Fremdwörter markiert. Kläre ihre Bedeutung.
a. Schreibe die Fremdwörter passend auf die Linien.
b. Setze vor die Nomen den bestimmten Artikel.
c. Markiere die Suffixe.

Nomen auf -ie: ______________________________

____

Nomen auf -ik: ______________________________

____

Adjektive auf -iv: ______________________________

____

2 Trage auch folgende Fremdwörter in deine Liste ein.

die Ethik | *die Statik* | *die Theorie* | *die Fantasie* | *exklusiv* | *negativ*

3 Schreibe den Text Von der Natur abgeschaut ab. Schreibe in dein Heft.

Wörter mit ss und Wörter mit ß

Wissen kompakt

In Wörtern mit einem stimmlosen s-Laut schreibt man
nach einem kurzen Vokal oft **ss**: *die Nüsse, nass,*
nach einem langen Vokal ß: *die Straße, der Strauß.*

Den Planeten Mars erforschen

der Planet Mars

Schon immer wollten die Menschen **wissen**, | ob es **außerhalb** der Erde | Lebewesen gibt. | Im 19. Jahrhundert entdeckten Forscher | auf dem Planeten Mars | gerade Linien, die durch die Fernrohre | wie **Wasserstraßen** aussahen. | Man glaubte | es seien Kanäle, | die von einer **außerirdischen** Zivilisation* | angelegt wurden. | Aber in Wahrheit | sind diese Linien Hügellandschaften. | Heute untersuchen **Wissenschaftler** | den Mars mit Rovern, | also ferngesteuerten Fahrzeugen. | Wird man irgendwann | auf Beweise für fremde Lebensformen **stoßen**?

*außerirdische Zivilisation: eine intelligente Lebensform außerhalb unserer Erde

1 Was entdeckte man im 19. Jahrhundert auf dem Mars? Schreibe einen Satz auf.

2 Im Text sind Wörter mit **ss** und Wörter mit **ß** blau gedruckt.
a. Schreibe diese Wörter in die Tabelle.
b. Markiere den kurzen Vokal mit einem Punkt. Unterstreiche den langen Vokal.

Wörter mit ss	Wörter mit ß
wissen,	*außerhalb,*

3 Schreibe auch die folgenden Wörter in die Tabelle.

schließlich | das Abendessen | ein bisschen | fließen | außerdem | der Kuss

4 Schreibe den Text Den Planeten Mars erforschen in dein Heft.

s-Laute und die Konjunktion *dass*

Wissen kompakt

Für den **stimmlosen s-Laut** schreibt man **nach kurzem Vokal** oft **ss**: *die Nuss, nass.*
Nach langem Vokal oder nach einem **Diphtong** schreibt man **ß**: *die Straße, der Strauß.*
Nach **Verben des Sagens, Denkens und Meinens** folgen oft **dass-Sätze**.
Ein dass-Satz wird durch ein Komma vom Hauptsatz abgetrennt:
Sie denkt, dass sie die Prüfung bestehen wird.

Der Nobelpreis

Einmal im Jahr | wird der Nobelpreis verliehen. | Der ist benannt | nach dem Industriellen | Alfred Nobel. | Er entdeckte | das Dynamit. | Leider konnte er | nicht **wissen**, | dass der Sprengstoff | auch in Kriegen | genutzt würde. | Daher legte er fest, | dass mit seinem Vermögen | eine Stiftung | gegründet wird. | Seit 1901 | werden Menschen ausgezeichnet, | die etwas **Großes** | in den Bereichen Physik, | Chemie, | Physiologie oder Medizin, | Literatur | und bei Friedensbemühungen | geleistet haben. | Zu den Preisträgern | gehörte auch der bekannte **Wissenschaftler** | Albert Einstein. | Heute **weiß** man, | dass er mit seinen Theorien | den Grundstein | zur modernen | Atom- und Teilchenphysik | legte.

1 Im Text sind Wörter mit *ss* und *ß* hervorgehoben.
- **a.** Trage die Wörter mit *ss* und *ß* in die Tabelle ein.
- **b.** Markiere den kurz gesprochenen Vokal mit einem Punkt.
- **c.** Unterstreiche den lang gesprochenen Vokal bzw. Dipthong.
- **d.** Ergänze deine Tabelle mit weiteren Wörtern mit *ss* und *ß*.

Wörter mit ss	Wörter mit ß
wissen, …	

2 Im Text findest du drei dass-Sätze.
Unterstreiche jeweils dass und markiere das Komma.

3 Vollende folgende Satzanfänge.

Mehmet denkt, ______

Birgül meint, ______

4 Schreibe den Text Der Nobelpreis ab. Schreibe in dein Heft.

Komma bei Nebensätzen mit als, dass, weil, obwohl

Wissen kompakt

Die Konjunktionen **als**, **dass**, **weil**, **obwohl** leiten **Nebensätze** ein. Diese werden vom Hauptsatz durch ein **Komma** abgetrennt. Nebensätze können vor oder nach dem Hauptsatz stehen: *Weil sie Sport mag, meldet sie sich im Verein an. Das Training macht Spaß, obwohl die Trainerin streng ist.*

Marie spielt im Verein

Maries Familie ist gerade erst | nach Dortmund gezogen. | Marie möchte schnell | neue Freundinnen finden. | Als sie sich an ihrer neuen Schule umsieht, | entdeckt sie einen Flyer | des Fußballvereins. | Marie meldet sich dort an, | obwohl sie vorher | noch nie im Verein gespielt hat. | Aber Marie weiß, | dass sie ein gutes Ballgefühl hat | und ausdauernd ist. | Sie bekommt sofort | einen Platz in der Mädchenmannschaft. | Weil alle freundlich sind | und ein guter Teamgeist herrscht, | fühlt sich Marie wohl. | Sie glaubt, | dass sie die richtige Entscheidung getroffen hat.

1 Was glaubt Marie? Schreibe einen Satz auf.

2 Im Text findest du Nebensätze mit den Konjunktionen **als**, **dass**, **weil** und **obwohl**.
a. Unterstreiche die Nebensätze.
b. Markiere die Konjunktionen und die Kommas.

3 In den folgenden Sätzen fehlen die Kommas.
a. Unterstreiche die Nebensätze.
b. Markiere die Konjunktionen.
c. Ergänze die Kommas.

Achtung: Fehler!

Als Marie zum ersten Training kommt ist sie aufgeregt.
Marie weiß dass sie auch mit dem Ball am Fuß schnell rennen kann.
Beim entscheidenden Meisterschaftsspiel ermahnt die Trainerin die Spielerinnen weil es zu viele Fouls gibt.
Obwohl eine Mitspielerin die Rote Karte bekommen hat gewinnt Maries Mannschaft mit 2:1 Toren.

4 Schreibe den Text Marie spielt im Verein in dein Heft.

Komma bei Satzreihen und bei Satzgefügen

Wissen kompakt

Hauptsätze in Satzreihen, die nicht durch und oder oder verbunden sind, werden durch Komma voneinander getrennt.
Birte kam spät nach Hause, aber sie räumte noch ihr Zimmer auf.

In **Satzgefügen** werden **Nebensätze** durch ein **Komma** vom **Hauptsatz** getrennt. Nebensätze können auch mit den **Konjunktionen** da, weil, als, wenn beginnen.
*Es war genau 12:00 Uhr, **als** Kemal nach Hause kam.*

Wer die Wahl hat …

Helen stand gestern | früh auf. | Sie ging zur Schule. | Es war ein wichtiger Tag. | Die neue Schülervertretung | sollte gewählt werden. | Es wurde schon | heftig diskutiert, | als sie den Klassenraum betrat. | Alle sprachen durcheinander: | „Wer soll nur | meine Stimme bekommen?“ | „Wähle ich | einen Jungen oder ein Mädchen?“ | „Wer kann sich | am besten durchsetzen?“ | Schließlich wurde es still. | Aynur fragte: | „Was meinst du, Helen?“ | „Ich denke, | dass Lara sich gut eignet“, | sagte Helen. | „Ich werde sie wählen, | weil ich glaube, | dass sie unsere Interessen | am besten vertreten kann.“ | „Ach“, meinte Dany, | „ich kann mich | nicht entscheiden.“ | Dann redeten wieder | alle durcheinander | und Helen dachte: | „Wer die Wahl hat, | hat die Qual.“

1 Weshalb würde sich Lara gut als Klassensprecherin eignen? Schreibe auf.

____

2 Verbinde die ersten vier Sätze des Textes zu zwei Satzreihen.

und, denn

a. Wähle dazu jeweils die passende Konjunktion aus dem Wortspeicher aus.
b. Schreibe die beiden Satzreihen auf. Denke an das Komma.

____

____

____

3 Im Text findest du ein Satzgefüge, das aus einem Hauptsatz und zwei Nebensätzen besteht.
a. Schreibe das Satzgefüge in dein Heft.
b. Unterstreiche den Hauptsatz.
c. Markiere die Konjunktionen und die Kommas.

4 Schreibe den Text Wer die Wahl hat … ab. Schreibe in dein Heft.

Komma bei Infinitivsätzen

Wissen kompakt

Infinitivsätze sind Nebensätze, die mit **zu** und **einem Verb im Infinitiv** gebildet werden. Infinitivsätze werden durch ein **Komma** vom Hauptsatz abgetrennt und beginnen häufig mit den Signalwörtern **ohne**, **um**:
*Paul las das Buch zu Ende, **ohne** einmal Pause **zu machen**.*
***Um** ein Abenteuer **zu erleben**, braucht man sich nicht in Gefahr zu begeben.*

Die Reise zum Mond

Bücher, | die in der Zukunft spielen, | sind bei vielen Menschen sehr beliebt. | Man kann Abenteuer | in der fernen Zukunft erleben, | ohne selbst in Gefahr zu geraten. | Im Jahr 1865 | schrieb Jules Verne das Buch | „Von der Erde zum Mond". | In diesem Buch | lassen sich drei Menschen mit einer Kanone | in den Weltraum schießen, | **um** zum Mond **zu gelangen**. | Für die Leserinnen und Leser | war das damals unvorstellbar. | Heute sind Reisen ins Weltall | auch für Touristen möglich. | Aber man braucht Mut | und sehr viel Geld, | **um** eine solche Reise **zu buchen**.

1 Wie beschrieb Jules Verne die Reise zum Mond ? Schreibe einen Satz auf.

____

2 Im Text findest du drei Infinitivsätze.
a. Unterstreiche jeweils den Infinitivsatz.
b. Markiere das Signalwort und das Komma.

3 Ergänze die folgenden Sätze. Wähle Infinitivsätze aus. Denke an die Kommas.

um mich zu entspannen | um in eine fremde Welt einzutauchen | ohne zu zögern | ohne meine Eltern zu fragen

Ich lese gern Bücher ______________________________.

Ich würde in eine Mondrakete steigen ______________________________.

4 Schreibe den Text Die Reise zum Mond in dein Heft.

Komma bei Infinitivsätzen

Wissen kompakt

Infinitivsätze enden mit einem **Infinitiv mit zu**. Sie werden durch ein Komma vom Hauptsatz abgetrennt. Häufig beginnen sie mit den Signalwörtern als, um, ohne, außer, anstatt:

Ohne viel Ahnung zu haben, schaffte er die Prüfung.

David muss früh aufstehen, um pünktlich zu seiner Praktikumsstelle zu kommen.

Roboter

Um Waren | schneller zu produzieren, | werden heute | in immer mehr Betrieben | Roboter eingesetzt. | Doch die Idee | ist nicht neu. | Bereits in dem Film „Metropolis“ | von 1927 | kann man Maschinenmenschen sehen. | Das war damals Zukunftsmusik | und wurde als Fantasie abgetan. | Doch die Idee | einer neuen Arbeitswelt | ist aufregender, | als nur über die Gegenwart | zu klagen. | Also sollte man | Sciencefiction-Ideen | zunächst ernst nehmen, | anstatt sie zu belächeln. | Manchmal | werden sie wahr. | Und ohne | ein schlechtes Gewissen zu haben, | können wir | aus Sciencefiction-Filmen | und Sciencefiction-Büchern lernen. | Dann brauchen wir | nichts weiter zu tun, | als die Zukunft abzuwarten.

1 Weshalb sollte man Sciencefiction-Ideen ernst nehmen? Schreibe einen Satz auf.

2 Im Text sind fünf Infinitivsätze unterstrichen.
a. Markiere die Kommas.
b. Umkreise die Signalwörter.

3 Setze passende Haupt- und Infinitivsätze aus den Wortkästen zusammen. Schreibe die drei Satzgefüge in dein Heft. Denke an die Kommas.
Svenja liest einen Sciencefiction-Roman, um …

Svenja liest einen Sciencefiction-Roman | *Nach dem Zukunftsfilm gingen sie zu Fuß nach Hause* | *Er kaufte den Sciencefiction-Roman*	*ohne zu zögern* | *anstatt den Bus zu nehmen* | *um sich zu unterhalten*

4 Stelle die Satzgefüge aus Aufgabe drei so um, dass sie mit dem Infinitivsatz beginnen. Schreibe in dein Heft.
Um sich zu unterhalten, liest …

5 Schreibe den Text Roboter ab. Schreibe in dein Heft.

Textquellen

S. 12–13: Linda Tutman: Lernsoftware in der Schule: Klug, aber gefährlich? Aus: Die Zeit Nr. 52, ZEIT-Verlag, 2009. **S. 28**: Rachel Carson und der stumme Frühling. Aus: Elena Favilli / Francesca Cavallo: Good Night Stories for Rebel Girls 2. Übersetzt aus dem Englischen von Birgitt Kollmann. Hanser Verlag, München 2018, S. 160 (verkürzt und verändert). **S. 30–31**: Volker Thomas: Die Kunst des Tauchens (Originalbeitrag). Berlin 2020. **S. 35–36**: Wie Alexander Fleming durch eine Schlamperei das Penicillin entdeckte. Aus: https://www.geo.de/magazine/geo-chronik/19648-rtkl-antibiotika-wie-alexander-fleming-durch-eine-schlamperei-das (aufgerufen am 12.10.2020), GEO Chronik Nr. 1: 100 Triumphe der Medizin; G+J Medien GmbH, Hamburg (gekürzt). **S. 40–41 (Lösungen S. 8)**: Melanie Winter: Die Göre. Aus: Hilflos und andere Kurzgeschichten. In einfacher Sprache. Hrsg. in Zusammenarbeit mit dem Literaturwerk Rheinland-Pfalz-Saar e. V., Spaß am Lesen Verlag, Münster 2016, S. 16–18 (gekürzt). **S. 44–45 (Lösungen S. 8)**: Ingrid Kötter: Nasen kann man so oder so sehen. Aus: Augenaufmachen. 7. Jahrbuch der Kinderliteratur. Hans-Joachim Gelberg (Hrsg.), Beltz & Gelberg, Weinheim/Basel 1984, S. 87 f. (gekürzt). **S. 48–49 (Lösungen S. 9)**: Malin Schwerdtfeger: Holundersuppe. Aus: Deutsch 5 bis 10, Nr. 13/2007 o. S., Kallmeyer bei Friedrich in Velber 2007, © Malin Schwerdtfeger 2007. **S. 52–53, 55–56 (Lösungen S. 11)**: Margaret Peterson Haddix: Schattenkinder. Übersetzt aus dem Amerikanischen von Bettina Münch, dtv München 2000, S. 19–20, 66–69 (Textauszug, gekürzt). **S. 59–60 (Lösungen S. 11)**: Cecilia Ahern: Flawed. Aus: dies.: Flawed – Wie perfekt willst du sein? Übersetzt von Anna Julia Strüh, Christine Strüh. Fischer Taschenbuch, S. Fischer Verlag, Frankfurt a. M. 2019, S. 19–22. **S. 64**: Hans A. Halbey: Urlaubsfahrt. Aus: Menschengeschichten, 3. Jahrbuch der Kinderliteratur. Hans-Joachim Gelberg (Hrsg.), Beltz & Gelberg, Weinheim/Basel 1975. **S. 67**: Christian Morgenstern: Das Häuschen an der Bahn. Aus: ders.: Werke und Briefe, Band I. Lyrik 1887–1905. Reinhardt Habel und Martin Kießig (Hrsg.), Verlag Urachhaus, 1988. Stuttgarter Ausgabe: Bd. 1, S. 150 f. **S. 71**: Erich Kästner: Die Wälder schweigen. Aus: ders.: Doktor Erich Kästners Lyrische Hausapotheke, Atrium Verlag, Zürich 2005, S. 49. **S. 107**: Sternschnuppen. Aus: https://www.esa.int/kids/de/lernen/Unser_Universum/Kometen_und_Meteore/Sternschnuppen (aufgerufen am 12.10.2020); European Space Agency (verkürzt und verändert).

Bildquellen

S. 3 oben: Shutterstock.com/Africa Studio; **Mitte**: © Science Photo Library/GEOFF TOMPKINSON; **unten**: Shutterstock.com/Bruce Yeung; **S. 6**: Shutterstock.com/Vika Aleksandrova; **S. 8**: Shutterstock.com/Africa Studio; **S. 10**: Statista.com; **S. 12**: Shutterstock.com/Ben Schonewille; **S. 13**: DAK-Gesundheit; **S. 26**: mauritius images/alamy stock photo/FLPA; **S. 27 oben**: Shutterstock.com/Ryzhkov Sergey; **Mitte**: Shutterstock.com/Leo Bucher; **unten**: Shutterstock.com/photomaster; **S. 28 oben**: mauritius images/Pictorial Press Ltd/alamy stock photo; **Mitte**: stock.adobe.com/marritch; **S. 30 oben**: stock.adobe.com/Gonzalo; **unten**: © Pooldho/Bridgeman Images; **S. 31 oben**: Imago Stock & People GmbH/United Archives International; **Mitte**: © Science Photo Library/GEOFF TOMPKINSON; **S. 35 oben**: stock.adobe.com/Archivist; **unten**: stock.adobe.com/caifas; **S. 71**: bpk/Friedrich Seidenstücker; **S. 74**: mauritius images/Wavebreakmedia; **S. 75**: Shutterstock.com/Bruce Yeung; **S. 81**: stock.adobe.com/akf; **S. 87**: stock.adobe.com/Otto Durst; **S. 92**: Panther Media GmbH/Travelphoto; **S. 93**: stock.adobe.com/Laszlo; **S. 96**: stock.adobe.com/Paul Souders/Danita Delimont; **S. 98**: Shutterstock.com/Doubleclix; **S. 99**: Shutterstock.com/elladoro; **S. 101**: stock.adobe.com/Y. Jorzik-Brzelinski; **S. 102**: stock.adobe.com/Frank; **S. 106**: stock.adobe.com/Don; **S. 110**: Shutterstock.com/MaraZe; **S. 112**: Shutterstock.com/angelaflu; **S. 114**: stock.adobe.com/Vadimsadovski; **S. 119**: stock.adobe.com/mair5400

Illustrationen

María Castelló-Solbes, Berlin: S. 3, 52–53, 55–56, 60
Carsten Märtin, Oldenburg: S. 98–99, 101, 104–106
Gregor Mecklenburg, Pinneberg: S. 76, 78–80, 83, 85–86, 88–91, 94–95
Matthias Pflügner, Berlin: S. 3, 16, 18, 20, 22
Ulrike Selders, Köln: S. 4, 25, 30, 32–33, 37, 108–109, 111, 116, 118, U3, Lösungen S. 5
Dorina Tessmann, Berlin: S. 3, 40–41, 43–45, 47, 49, 64, 66–70

D wie Deutsch

8

Das Arbeitsheft Basis mit zusätzlicher Förderung

Lösungen

Seite 6

1 Sie diskutieren über
☒ die Vorteile und Nachteile von Second-Hand-Kleidung.

Seite 7

2 Lotta ist der Meinung, dass Kleiderbörsen richtig gut sind. Emma meint, dass gebrauchte Kleidung viele Nachteile hat. Marco findet, dass Second-Hand-Kleidung viele Vorteile hat.

3 **a.** *Argumente dafür:* günstige Markenkleidung; mögliche Schadstoffe durch das viele Waschen ausgewaschen; das Stöbern macht viel Spaß; Sachen nicht weggeworfen, sondern wiederverwendet
Argumente dagegen: unhygienisch; völlig unmodern; ziemlich abgenutzt

220008873

3 **b.**

Argumente für Second-Hand-Kleidung (pro)	Argumente gegen Second-Hand-Kleidung (kontra)
– günstige Markenkleidung – Schadstoffe sind ausgewaschen – das Stöbern macht Spaß – Sachen werden wiederverwendet	– gebrauchte Kleidung ist unhygienisch – unmodern – abgenutzt

4 Letzten Monat habe ich dort zum Beispiel eine sehr coole gebrauchte Jeans gekauft.
Manche Hosen haben beispielsweise einen viel zu weiten Schnitt.
Manche Sachen haben zum Beispiel auch Flecken oder Löcher.
Ich habe schon richtige Schätze entdeckt, zum Beispiel eine Jacke mit vielen Taschen, die es so gar nicht mehr zu kaufen gibt.

7 *Beispiel für Lösungen:*
pro: Ich finde Second-Hand-Kleidung gut, weil die Kleidung günstig ist. Außerdem finde ich gut, dass die Kleidung nicht weggeworfen, sondern wiederverwendet wird.
kontra: Ich finde Second-Hand-Kleidung nicht gut, weil sie unhygienisch ist. Außerdem sind die Sachen oft unmodern oder abgenutzt.

Seite 9

1 ☒ An einem Tag in der Woche soll es in der Schulmensa nur vegetarisches Essen geben.

2 **b.**

für einen Veggie-Tag	gegen einen Veggie-Tag
Elisa, Paul, Frau Wolf	Toni, Alya, Tessa

3

Argumente für den Veggie-Tag (pro)	Argumente gegen den Veggie-Tag (kontra)
– weniger Fleisch und mehr Gemüse fördern die Gesundheit – Zeichen gegen Massentierhaltung – Beitrag für den Umwelt- und Klimaschutz – Fleischproduktion verbraucht sehr viel Wasser – Ausstoß von Treibhausgasen wird durch Verzicht auf Fleisch verringert	– Fleisch hat mehr Geschmack – alle sollen selbst entscheiden, was sie essen möchten – ein vegetarischer Tag in der Woche nützt den Tieren nichts

4 **a.** Beispielsweise haben viele Mastschweine weniger als 1 m^2 Platz im Stall. (Zeile 15)

4 **b.** Das Gemüse in der Schulmensa ist zum Beispiel oft zerkocht und schmeckt nicht. (Zeilen 24–25)

Seite 10

5 ☒ Die Grafik zeigt, wie viel Liter Wasser man braucht, um ein Kilogramm der verschiedenen Lebensmittel zu produzieren.

6 Man braucht zum Beispiel 15.415 Liter Wasser für ein Kilogramm Rindfleisch.
Beispielsweise braucht man durchschnittlich 322 Liter Wasser für ein Kilogramm Gemüse.

Seite 11

9 *Beispiel für Lösungen:*
Ich bin für den Veggie-Tag, weil es gesünder ist, weniger Fleisch zu essen. Zum Beispiel enthält Gemüse viele Vitamine und Mineralstoffe.

Ich bin gegen den Veggie-Tag, weil richtiges Fleisch mehr Geschmack hat als vegetarisches Essen. Beispielsweise schmecken Gemüse-Burger immer gleich langweilig.

10 *Beispiel für Lösungen:*
Ich bin für einen Veggie-Tag, weil es gesünder ist, weniger Fleisch zu essen. Zum Beispiel enthält Gemüse viele Vitamine und Mineralstoffe. Wichtig finde ich auch, dass die Produktion von Fleisch sehr viel Wasser verbraucht. Beispielsweise braucht man mehr als 15 000 Liter Wasser für ein Kilogramm Rindfleisch. Am wichtigsten ist mir aber, dass auf das Wohl der Tiere geachtet wird, denn für unseren Fleischverzehr werden zu viele Tiere auf engem Raum gehalten. Beispielsweise haben viele Mastschweine weniger als 1 m^2 Platz im Stall. Deshalb bin ich der Meinung, dass ein Veggie-Tag in der Woche dafür sorgt, dass wir weniger Fleisch essen. Das kommt den Tieren und uns zugute.
Ich bin gegen den Veggie-Tag, weil richtiges Fleisch köstlicher ist als vegetarisches Essen. Beispielsweise schmecken Gemüse-Burger immer gleich langweilig. Außerdem finde ich, dass ein Veggie-Tag in der Woche nichts bringt. Am wichtigsten ist mir aber, dass man für sich selbst entscheiden kann, ob man Fleisch isst oder nicht. Ich möchte nicht, dass mir jemand vorschreibt, was ich essen soll. Deshalb bin ich gegen den Veggie-Tag.

Seite 13

2 *pro:* Marco Fileccia, Michael Wagner
kontra: Christian Pfeiffer

3 **a.** bis **c.** Argument → Beispiel
für Computerspiele im Unterricht (pro):
- Computerspiele haben pädagogischen Nutzen → Inhalte können Kindern anschaulich vermittelt werden
- Schüler sind motivierter → 80 % befürworten Einsatz von Computerspielen
- Computerspiele nicht isolierend → kommunikativer Austausch im Unterricht höher

gegen Computerspiele im Unterricht (kontra):
- sitzen täglich zu lange vor dem Computer → 15-jährige Jungen verbringen täglich 2,5 Stunden vor dem Computer
- vergessen Freunde → 17 % vernachlässigen soziale Kontakte
- vernachlässigen Aufgaben → ca. ein Drittel erledigt Aufgaben manchmal nicht

4 Das Diagramm informiert darüber, inwieweit Computerspieler ihre sozialen Kontakte vernachlässigen. Die einzelnen Felder sagen aus, wie viel Prozent der Befragten nie, weniger als einmal pro Woche, ein- bis zweimal pro Woche, drei- bis viermal pro Woche, fünf- bis sechsmal pro Woche oder täglich soziale Kontakte vernachlässigt haben. Die Zahlen sagen aus, dass das Computerspiel auf die große Mehrzahl keinen Einfluss hat, dass aber auch ein gewisser Prozentsatz Kontakte vernachlässigt.

5 Die Zahlen aus dem Diagramm können mit den Argumenten verbunden werden. Beispiel: Computerspiele sind nicht isolierend → Zahlen belegen dies, da der größte Teil (83 %) bei der Nutzung von Computerspielen soziale Kontakte nicht vernachlässigt.

Seite 14

7 **a.** Über das Computerspiel vergessen viele Jugendliche ihre Freunde. In einer Untersuchung zeigte sich zum Beispiel, dass 17 % der Befragten ihre sozialen Kontakte vernachlässigen.

8 **b.** *Beispiel für eine Lösung:*
Ein mögliches Gegenargument ist, dass Schülerinnen und Schüler motivierter im Unterricht sind. Sicherlich ist Motivation ein wichtiger Aspekt im Unterricht. Ich denke aber, dass Motivation allein nicht genügt, sondern der pädagogische Nutzen Maßstab für erfolgreichen Unterricht ist.

8 **c.** *Beispiel für eine Argumentationskette:*
1. Argument (weniger wichtig): Schülerinnen und Schüler sitzen zu lange vor dem PC. →
1. Beispiel: Jungen verbringen täglich 2,5 Std. vor dem PC. → 2. Argument (wichtig): Aufgaben werden vernachlässigt. →
2. Beispiel: Etwa ein Drittel der Schülerinnen und Schüler erledigen ihre Aufgaben nicht.→ Gegenargument und Entkräftung: Eine höhere Motivation im Unterricht durch Computerspiele allein genügt nicht, um erfolgreichen Unterricht durchzuführen. → 3. Argument (am wichtigsten): Schülerinnen und Schüler vernachlässigen ihre sozialen Kontakte. →
3. Beispiel: 17 % der befragten Schülerinnen und Schüler vernachlässigen tatsächlich ihre sozialen Kontakte.

9 *Beispiel für eine Lösung:*
Ich bin gegen Computerspiele im Unterricht. Zum einen ist es so, dass die Schülerinnen und Schüler sowieso schon sehr viel Zeit vor dem PC verbringen, beispielsweise sitzen 15-jährige Jungen schon jetzt täglich 2,5 Stunden vor dem Computer. Zum anderen führt das häufige Computerspielen dazu, dass sie ihre schulischen Aufgaben nicht vollständig erledigen. So vergisst ein Drittel der Schülerinnen und Schüler manchmal oder häufiger Aufgaben. Ein mögliches Gegenargument ist, dass Schülerinnen und Schüler durch Computerspiele motivierter im Unterricht sind. Sicherlich ist Motivation ein wichtiger Aspekt. Ich denke aber, dass Motivation allein nicht genügt, sondern der

pädagogische Nutzen Maßstab für erfolgreichen Unterricht ist. Was mir aber am wichtigsten ist: Durch das viele Computerspielen vernachlässigen sie ganz oder teilweise ihre sozialen Kontakte; dies trifft beispielsweise auf 17 % der Schülerinnen und Schüler zu. Zusammenfassend möchte ich sagen, dass ich aus den genannten Gründen gegen Computerspiele im Unterricht bin.

Seite 16

1 **b.** Bild 1: Stecklinge einpflanzen, Bild 2: Pflanzen gießen, Bild 3: welke Blätter entfernen, Bild 4: den Boden fegen

Seite 17

2 Wer macht das Praktikum? Emil Brauer
Wo findet das Praktikum statt? in der Gärtnerei Wagner

3 arbeitete, befüllte, steckte, stellte, goss

4 **b.** das Dings-Haus – das Gewächshaus, die kleinen Pflanzen – die Stecklinge, der Stock – der Pikierstab

5 *Beispiel für eine Lösung:*
Zuerst holten wir die bestellten Pflanzen aus dem Gewächshaus. Dann entfernte ich die welken Blätter. Zum Schluss fegte ich den Boden und warf die Pflanzenreste in den Müll.

6 *Beispiel für eine Lösung:*
Tagesbericht vom 12.05.2021
Name: Emil Brauer
Praktikum in der Gärtnerei Wagner
Mein Arbeitstag begann um 8:00 Uhr. Ich arbeitete mit der Gärtnermeisterin Frau Wagner im Gewächshaus. Zuerst befüllte ich die Blumentöpfe mit Erde. Dann steckte ich die Stecklinge mit dem Pikierstab vorsichtig in die Erde. Anschließend stellte ich die Blumentöpfe auf einen beheizten Tisch und goss die Pflanzen etwas, damit sie gut anwachsen.
Am Nachmittag zeigte mir Frau Wagner, wie man eine Bestellung für einen Kunden vorbereitet. Zuerst holten wir die bestellten Pflanzen aus dem Gewächshaus. Dann entfernte ich die welken Blätter. Ich hörte beim Kundengespräch zu. Zum Schluss fegte ich den Boden und warf die Pflanzenreste in den Müll.
Um 15:00 Uhr hatte ich Feierabend.

Seite 18

1 **b.** Bild 1: Waren auspacken und überprüfen, Bild 2: Etiketten aufkleben, Bild 3: bestellte Waren scannen, Bild 4: Waren auf dem Etagenwagen transportieren, Bild 5: Waren verpacken, Bild 6: Kartons stapeln

Seite 19

2 Wer? Celina Kehrein; Wo? im Großhandel bei der Firma RC; Wann? am 13.05.2021;
Wie heißt der Beruf? Fachlageristin

3 begann, arbeitete, verglich, klebte, erklärte, legte, transportierte

4 Zuerst, Dann, Als Nächstes, Danach, Anschließend, Schließlich

Seite 20

5 Herr Böhm erklärte das Kommissionieren (Zeile 1).

6 Bild 7: der Lieferschein, Bild 8: der Etagenwagen, Bild 9: das Förderband

7 **a.** Karre (Zeile 15), Zettel (Zeile 17), Zettel (Zeile 19), Automatik-Teil (Zeile 19)

7 **b.** Dann legte ich den Artikel auf den Etagenwagen, und weiter ging es zum nächsten Regal. Später druckte Herr Böhm den Lieferschein aus. Dann legte ich den Lieferschein zusammen mit den Waren in eine Kiste. Mit dem Förderband wurde die Kiste schließlich mit anderen Kisten zum Versand transportiert.

Seite 21

8 ~~Aber ich wäre viel lieber beim Kommissionieren geblieben.~~
~~Den Hubwagen fand ich super.~~
~~Es war ein anstrengender Tag.~~

9 *Beispiel für eine Lösung:*
Zuerst packte ich die bestellten Waren in einen passenden Karton. Dann sicherte ich sie mit Luftpolstern. Als Nächstes legte ich den Lieferschein dazu und verschloss den Karton mit Klebeband. Danach stapelte ich die Kartons auf einen Hubwagen.

10 *Beispiel für eine Lösung:*
Tagesbericht vom 13.05.2021
Name: Celina Kehrein
Praktikum im Großhandel bei der Firma RC
Mein Arbeitstag begann um 8:00 Uhr. Ich arbeitete mit der Fachlageristin Frau Aslan im Wareneingang. Zuerst packte ich die Waren, die dort ankamen, aus einem Karton aus. Dann verglich ich die Anzahl der Artikel mit dem Lieferschein. Als Nächstes überprüfte Frau Aslan, ob die Artikel und die Verpackungen unbeschädigt waren. Danach klebte ich die Etiketten auf die Verpackungen. Frau Aslan erklärte mir den Hand-Scanner. Anschließend legte ich die Artikel ordentlich in die Kiste. Schließlich transportierte das Förderband die Kisten zum richtigen Lagerort.
Nach der Mittagspause erklärte mir Herr Böhm das Kommissionieren, also wie man eine Bestellung für einen Kunden bearbeitet. Zuerst gingen wir zu einem Regal. Ich sollte den

bestellten Artikel und das Etikett am Regal scannen. Dann legte ich den Artikel auf den Etagenwagen, und weiter ging es zum nächsten Regal. Nacheinander suchten wir alle bestellten Artikel für den Kunden zusammen. Später druckte Herr Böhm den Lieferschein aus. Er überprüfte die Waren und die Bestellung noch einmal. Danach legte ich den Lieferschein zusammen mit den Waren in eine Kiste. Mit dem Förderband wurde die Kiste schließlich mit anderen Kisten zum Versand transportiert. Am Nachmittag half ich beim Versand. Zuerst packte ich die bestellten Waren in einen passenden Karton. Dann sicherte ich sie mit Luftpolstern. Als Nächstes legte ich den Lieferschein dazu und verschloss den Karton mit Klebeband. Danach stapelte ich die Kartons auf einen Hubwagen. Frau Aslan fuhr die Kartons zur Laderampe. Am Ende schaute ich zu, wie die LKW mit den Kartons beladen wurden. Um 15:00 Uhr hatte ich Feierabend.

Seite 22

1 **b.** Bild 1: Chef beim Kundengespräch über die Schulter schauen, Bild 2: Pflegekennzeichen überprüfen, Bild 3: Taschen kontrollieren, Bild 4: Knöpfe mit einem Schutz umhüllen, Bild 5: Flecken individuell behandeln, Bild 6: Kleidung sortieren, Bild 7: Wäsche in eine chemische Reinigungsmaschine geben, Bild 8: gereinigte Kleidung kontrollieren, Bild 9: Kleidungsstück bügeln, Bild 10: Kleidungsstück in Folie hüllen und an Kunden ausgeben

Seite 23

2 **a., b.** Mein Chef, ein richtig cooler Mann, erklärte mir die Tätigkeiten und ich begann mit der Arbeit.
Manche Kleidung war sehr schmutzig.
Ich lernte viel Neues.

3 **A** Ich reichte den Mitarbeitern die Wäsche an und schaute genau zu, dabei informierten sie mich über die einzelnen Verfahren.
B Ich umhüllte die Knöpfe mit Knopfschonern, sodass die Kleidungsstücke im Verlauf der Reinigung nicht beschädigt wurden.
C Vorher hatte ich die Wäsche in eine Kunststofffolie eingehüllt, damit sie vor Staub geschützt war, bis der Kunde sie abholte.

4 Zunächst nahm ich die Kleidungsstücke der Kunden entgegen. Danach überprüfte ich die unterschiedlichen Kleidungsstücke nach Flecken. Im Anschluss sortierte ich die schmutzigen Kleidungsstücke nach Farben und Materialien. Zum Schluss wählte ich das passende Programm der chemischen Reinigungsmaschine.

Seite 24

5 **a.** *Berücksichtigt:*
Ich nenne den Beginn und das Ende der Arbeitszeit.
Ich berichte knapp und genau von meinen Tätigkeiten.
Ich nenne wichtige Personen, Werkzeuge und Arbeitsmittel und verwende Fachbegriffe.

5 **b.** *Noch nicht berücksichtigt:*
Ich halte die Reihenfolge der Ereignisse ein.
Ich berichte nur wichtige Dinge und schreibe sachlich.
Ich verwende abwechslungsreiche Satzanfänge.
Ich schreibe im Präteritum.

6 *Beispiel für eine Lösung:*
Tagesbericht vom 22.05.2021
Name: Adrian Meyer
Um 9 Uhr begann ich mit der Arbeit. Zuerst schaute ich dem Chef, Herrn Meyer, über die Schulter, wenn die Kunden die Reinigung betraten und ihre Kleidung abgaben. Manche Sachen waren sehr schmutzig. Ich kontrollierte zunächst die Taschen. Dann umhüllte ich bei den Hemden die Knöpfe mit Knopfschonern, damit sie im Verlauf der Reinigung nicht beschädigt wurden. Mein Chef behandelte nun hartnäckige Flecken mit einem individuellen Reinigungsmittel vor – das nennt man „Detachieren". Im Anschluss sortierte ich die Kleidung nach Art und Farbe und gab sie in die chemische Reinigungsmaschine.
Um 12:30 Uhr begann die halbstündige Mittagspause. Nach der Reinigung kontrollierte ich die Wäsche auf Schäden. Danach bügelte ich ein Hemd mit einem Bügeleisen, was mir nicht so gut gelang.
Am Nachmittag hüllte ich die gereinigte Wäsche in Kunststofffolie, sodass sie vor Staub geschützt war, bis der Kunde sie abholte.
Um 16 Uhr hatte ich Feierabend.

Seite 26

1 **b.** In dem Text geht es vermutlich um Vögel, die in Gefahr sind. Vielleicht haben sie kein Futter.

3 ☒ Umweltschützer sind besorgt, weil die Zahl der Feldvögel abnimmt.
☒ Feldvögel brauchen zum Überleben Insekten und unterschiedliche Pflanzen.

Seite 27

4 **b.** Pestizide sind Chemikalien. Sie werden auf die Felder gesprüht, um Pflanzen wie Mais oder Weizen vor Insekten und Keimbefall zu schützen.

5 **a.** Feldvögel brauchen Blumenwiesen, Wildkräuter und Sträucher.

5 b. In der Landwirtschaft werden sehr viele Pestizide eingesetzt. Dadurch gibt es immer weniger Insekten. Deshalb finden die Feldvögel immer weniger Nahrung.

6 a. Die Grafik zeigt, dass die Zahl der Feldvögel in Deutschland seit 1980 ☒ abnimmt.

6 b. Kiebitz, Braunkehlchen, Feldlerche

6 c. Der Bestand der Feldlerchen hat um 55 % abgenommen. Der Bestand der Kiebitze hat um 93 % abgenommen.

Seite 28

8 Rachel Carson …
- ☒ lebte in den USA.
- ☒ war Wissenschaftlerin und außerdem Schriftstellerin.
- ☒ schrieb über Fische und Vögel.
- ☒ setzte sich für den Schutz von Pflanzen und Tieren ein.

Seite 29

9 a. Sie entdeckte, dass Pestizide sehr schädlich für die Pflanzen und Tiere sind.

9 b. Die Hersteller von Pestiziden wollten Rachel Carson zum Schweigen bringen.
Rachel Carson sprach öffentlich über das, was sie herausgefunden hatte.
Viele Menschen in den USA wurden durch Rachel Carson angeregt, beim Umweltschutz mitzumachen.

9 c. *Beispiel für eine Lösung:*
„Der stumme Frühling" könnte bedeuten, dass man keinen Vogelgesang mehr hören kann.

10 *Beispiel für eine Lösung:*
Wer war Rachel Carson?
Rachel Carson lebte in den USA. Sie war Wissenschaftlerin und Schriftstellerin. Sie schrieb zum Beispiel über Fische und Vögel. Rachel Carson erforschte, wie sich Pestizide auf den Feldern auswirkten. Sie entdeckte, dass Pestizide schädlich für Pflanzen und Tiere sind. Über dieses Thema schrieb Rachel Carson das Buch „Der stumme Frühling".

Seite 30

1 b. *Beispiel für eine Lösung:*
Mich interessiert, wann die ersten Taucheranzüge erfunden wurden.

Seite 31

3 b. *Schlüsselwörter Abschnitt (5):* 1865, französische Erfinder, mit Druckluft-Behältern auf dem Rücken, Druckluft-Flaschen, Sauerstoff, Stickstoff, Helium, zusammengepresst, Flasche, Atemregler gibt Gas geregelt ab, einfacher, sicherer, Jacques Cousteau, Émile Gagnan, „Aqualung", frei schwebend

3 c. (1) Neugierig auf die Welt unter Wasser, (2) Experimente mit Gefäßen, (3) Taucheranzug mit Atemschläuchen, (4) Taucheranzug mit Luftpumpe, (5) Druckluft-Tauchgerät mit Atemregler

Seite 32

4 *Beispiel für Lösungen:*
experimentieren: durch Versuche ausprobieren
der Unterwasser-Pionier: jemand, der etwas Neues für das Tauchen entdeckt und damit die Unterwasser-Forschung einen großen Schritt weiterbringt

5 a. Die Menschen wollten wissen,
☒ ob es Seeungeheuer, Wassermenschen und Schätze gibt.

5 b.

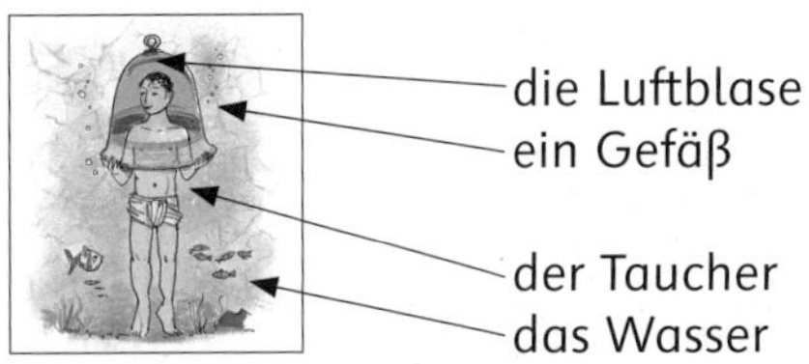

5 c.
- ☒ Die Luft war schnell verbraucht.
- ☒ Die Taucher konnten nicht sehr tief tauchen.

5 d. Der Taucheranzug von Leonardo da Vinci hatte <u>Glasscheiben</u>, durch die man hindurchsehen konnte. Mit <u>Atemschläuchen</u> im Mund konnten Taucher Luft holen. Je tiefer sie tauchten, desto größer wurde aber der <u>Druck</u> auf ihre Körper.

Seite 33

5 e. Der Helmtaucheranzug hatte den Nachteil, dass der Taucher nicht frei umherschweben konnte. Außerdem waren die Taucheranzüge schwer und unhandlich.

5 f. Ein Atemregler gibt das Gas geregelt an die Taucher ab.

6 a. Die Grafik zeigt, wie tief Menschen, Tauchboote und Tauchroboter tauchen können.

6 b. hellblau: bis 200 m, etwas Licht
blau: 200 m bis 1000 m
dunkelblau: ab 1000 m, dunkel

7 a. Ein Mensch kann mit Tauchgerät 332 m tief tauchen.

7 b. 10 928 Meter

Seite 34

8 vor 2500 Jahren – Taucherglocke: Gefäß mit Luftblase zum Atmen
ungefähr im Jahr 1500 – Taucheranzug mit Glasscheiben und Atemschläuchen (Leonardo da Vinci)
1839 – Helmtaucheranzug mit Luftpumpe (August Siebe)

1943 – Aqualung: Druckluft-Tauchgerät mit Atemregler (Jacques Cousteau)
bis in die heutige Zeit – Schnorchel, Tauchgerät mit einer besonderen Gasmischung, Tauchboot, Tauchroboter

9 bis **12** *Beispiel für eine Lösung:*
Die Geschichte des Tauchens
In unserer Projektwoche zum Thema „Entdeckt und erforscht" habe ich mich mit dem Tauchen und der Erforschung der Meere beschäftigt. Dieser Text informiert euch darüber, wie sich das Tauchen im Laufe der Zeit entwickelt hat.
Vor rund 2500 Jahren stülpten sich die Menschen Taucherglocken über den Kopf und stiegen damit ins Wasser. Durch die entstehende Luftblase konnten sie atmen. Die Luft war allerdings schnell verbraucht und man kam nicht sehr weit hinunter.
Leonardo da Vinci konstruierte im Jahr 1500 einen Taucheranzug mit Glasscheiben zum Durchsehen. Der Mund des Tauchers war durch Atemschläuche mit der Oberfläche verbunden. Die Taucher gelangten aber auch nicht sehr tief, weil der Wasserdruck zu hoch wurde.
August Siebe erfand 1839 den ersten geschlossenen Helmtaucheranzug, bei dem eine Luftpumpe an der Oberfläche den Taucher mit Luft versorgte. Aber dieser Anzug war schwer und unhandlich.
1865 probierten zwei französische Erfinder Tauchgänge mit Druckluft-Behältern auf dem Rücken. 1943 konstruierten dann Jacques Cousteau und Émile Gagnan die „Aqualung", bei der ein Atemregler eine Mischung aus Sauerstoff, Stickstoff und Helium an den Taucher abgibt. Seitdem können sich Taucher unter Wasser frei schwebend bewegen.
Heutzutage ist die Technik so weit fortgeschritten, dass man mit Tauchrobotern die Tiefsee erforschen und mit ihnen fast 11 000 Meter tief tauchen kann.
Wenn ich Forscherin wäre, würde ich gerne einmal mit einem Tauchboot den Meeresgrund erforschen.

Seite 35

1 **b.** Der Text informiert über die Entdeckung des Penicillins durch Alexander Fleming.

Seite 36

3 *Schlüsselwörter:*
Abschnitt 3: Pilz mittels Fermentation züchten; erste Feldversuche 1943 auf den Schlachtfeldern Nordafrikas, Soldaten überleben, ab 1944 gesamte Zivilbevölkerung versorgt
Abschnitt 4: zweiten Hälfte des 20. Jahrhunderts, eine der größten Innovationen, rettet unzählige Menschenleben, Behandlung von Infektionen, Lungenentzündung, Scharlach, Syphilis, Wundstarrkrampf
Abschnitt 5: Schattenseiten, ausufernden Einsatz, resistente Erreger, immer wirkungsvollere Varianten entwickeln

4 *Abschnitt 1:* Zufällige Entdeckung von Penicillin
Abschnitt 2: Einsatz von Penicillin in der Kriegsmedizin
Abschnitt 3: Erfolgreiche Züchtung von Pilzen mithilfe von Fermentation
Abschnitt 4: Penicillin revolutioniert die Behandlung von Infektionen
Abschnitt 5: Schattenseiten des Erfolgs von Penicillin

Seite 37

5 **a.** Alexander Fleming entdeckt Penicillin 1928 in London im Labor des St. Mary's Hospital. Er ließ die Petrischale mit Bakterien versehentlich für mehrere Tage ungewaschen in seinem Labor stehen.
Penicillin wird zunächst in der Kriegsmedizin eingesetzt.

5 **b.** *Beispiel für eine Lösung:*
Wodurch konnten bald große Mengen an Penicillin produziert werden? durch die Züchtung von Pilzen mittels Fermentation
Welche Erfolge erzielte man durch den Einsatz von Penicillin in der Kriegsmedizin? Soldaten, die sonst an ihren Verletzungen gestorben wären, konnten nun überleben.
Welche Infektionen konnten dank Penicillin besser behandelt werden? zum Beispiel Wundstarrkrampf (Tetanus)
Welches Problem brachte der häufige Einsatz von Penicillin mit sich? Es entwickelten sich resistente Erreger.

6 **a.** Substanz: chemischer Stoff (Wirkstoff); extrahieren: absondern, abtrennen, herausziehen

6 **b.** Mit der Aussage „Flemings Zufallsfund revolutioniert die Behandlung von Infektionen" ist gemeint, dass durch die zufällige Entdeckung des Penicillins die Behandlungsmöglichkeiten von Infektionen deutlich erweitert wurden, z. B. indem Wundbrand (Wundinfektionen) behandelt werden konnte, was vorher nicht möglich war.

Seite 38

7 **a.** Die Grafiken passen zu Abschnitt 5.

7 **b.** Grafik 1 (oben) informiert über den Anstieg an Verordnungen von Antibiotika in Deutschland: Waren es im Jahr 2005 noch 268 Millionen Dosen, so stieg die Zahl der verordneten Antibiotika im Jahr 2015 auf 293 Millionen Dosen an.

7 c. Grafik 2 (Mitte) aus dem Jahre 2014 informiert darüber, dass unter den Ärzten in Deutschland die Hausärzte am häufigsten Antibiotika verschreiben. Mit 46 % liegen sie im Vergleich zu Ärzten anderer Fachrichtungen an der Spitze.
Die Farben verweisen auf die Häufigkeit, mit der die jeweiligen Ärzte Antibiotika verschreiben. Aufgrund des hohen Anteils der Hausärzte (46 %) nimmt der gelbe Abschnitt fast die Hälfte des Kreisdiagramms ein.

7 d. Grafik 3 (unten) informiert über den Einsatz von Penicillin im europäischen Vergleich. Griechenland liegt beim Einsatz von Antibiotika im Jahre 2015 an der Spitze. Deutschland liegt im Vergleich mit neun europäischen Ländern an vorletzter Stelle. Nur in den Niederlanden werden im Jahre 2015 weniger Antibiotika verschrieben. Die zehn europäischen Länder werden durch ihre Landesflaggen illustriert. Die Länge der Balken hängt von der Häufigkeit des Verschreibens von Antibiotika ab.

8 *Beispiel für eine Lösung:*
Mögliche Äste und ihre Verzweigungen:
entdeckt von Alexander Fleming: Zufallsfund im Jahre 1928 – Labor des St. Mary's Hospital
Petrischale mit Schimmelpilzen: versehentlich ungewaschen im Labor gelassen – Bildung einer Schimmelkultur an den unsauberen Stellen – Schimmelkultur „frisst" die Bakterien
Forscherteam in Oxford: entdeckt die effektive Wirkung
Zweiter Weltkrieg: Kriegsmedizin – Fermentation von Penicillin
Verwendung von Antibiotika: erfolgreiche Bekämpfung von Infektionen (Wundstarrkrampf, Syphilis)
Schattenseiten: Verwendung nimmt rasant zu – Wirkung lässt nach

9 *Beispiel für eine Lösung:*
Zufallsfund mit revolutionärer Wirkung: Flemings Entdeckung des Penicillins
Liebe Schülerinnen und Schüler, liebe Eltern, wie ihr auf der Homepage unserer Schule lesen könnt, beschäftigt sich der 8. Jahrgang in der Projektwoche mit dem Thema „Entdeckt und erforscht". Hier soll es unter anderem um Entdeckungen gehen, die die medizinische Forschung revolutioniert haben.
Ich habe mich mit der Entdeckung und Weiterentwicklung von Penicillin beschäftigt. Im folgenden Text möchte ich euch gerne darüber informieren.
Penicillin wurde im Jahre 1928 zufällig entdeckt. Der schottische Bakteriologe Alexander Fleming hatte im Labor des St. Mary's Hospital in London versehentlich eine ungewaschene Petrischale mit einer Kultur von Bakterien namens Staphylococcus aureus stehen lassen. Als er die Petrischale nach dem Wochenende fand, hatte sich auf den unsauberen Stellen eine Art Schimmelpilz gebildet, der sich in die Bakterienkultur „gefressen" hatte. Fleming löste diese bakterientötende Substanz aus dem Schimmel und nannte sie Penicillin.
Zunächst wurde diese Entdeckung kaum beachtet, doch als während des Zweiten Weltkriegs ein weiteres Forscherteam in Oxford im Rahmen von Tierversuchen erneut auf die Wirkung von Penicillin im Kampf gegen todbringende Bakterien stieß, wurde die Forschung fortgesetzt.
Schließlich fand man einen besonders aggressiven „Wunderwirkstoff" in einer verschimmelten Melone und züchtete diesen mithilfe von Fermentation.
In den folgenden Jahren konnte Penicillin erfolgreich im Kampf gegen bis dahin schwerwiegende Infektionen eingesetzt werden. Dazu gehörten Wundstarrkrampf, Syphilis, Scharlach und bakterielle Lungenentzündungen. Somit zählt die Entdeckung und Erforschung von Penicillin im Bereich der Medizin zu den größten Errungenschaften des 20. Jahrhunderts.
Allerdings gibt es auch Schattenseiten: In der Massentierhaltung werden Antibiotika zu häufig eingesetzt, wodurch sich immer mehr resistente Keime bilden können, gegen die man immer weniger ankämpfen kann. Auch nimmt die Verschreibung von Antibiotika in Deutschland zu. Zwischen 2005 und 2015 ließ sich in Deutschland besonders unter den Hausärzten ein Anstieg bei der Verschreibung von Antibiotika erkennen. Waren es im Jahre 2005 noch 268 Millionen Dosen, so stieg die Zahl der verordneten Antibiotika 2015 auf 293 Millionen Dosen an. Allerdings sind deutsche Ärzte im Vergleich zu ihren europäischen Kollegen noch recht zurückhaltend. Während Griechenland bei der Verschreibung von Antibiotika den ersten Rang einnimmt, liegt Deutschland im Vergleich mit neun europäischen Ländern an vorletzter Stelle.
Was mich bei der Beschäftigung besonders angesprochen hat, ist die zufällige Entdeckung eines Antibiotikums, das später die medizinische Forschung revolutionieren sollte. Aber ich finde es auch wichtig, auf die Grenzen des Einsatzes von Antibiotika hinzuweisen.

Seite 40

1 b. *Beispiel für eine Lösung:*
Das Mädchen wirkt neugierig. Der Junge wirkt schlecht gelaunt. Er will vielleicht in Ruhe gelassen werden. Vermutlich kennen sich die beiden nicht.

Seite 41

3 Er sitzt im Zug. Er ist müde. Ein Mädchen aus der Nachbarschaft setzt sich zu ihm.

4 ☒ Er möchte in Ruhe nach Hause fahren.
☒ Er möchte morgen beim Bewerbungsgespräch gut aussehen.

Seite 42

5 „Sie ist klein, mager, hässlich. Ich mag sie nicht. Obwohl ich sie eigentlich gar nicht kenne." (Zeilen 3–4)

6 **a.** Moped-Unfall (Zeile 9). Ich kann mein Bein nicht mehr richtig gebrauchen. (Zeile 10)
Eine neue Hose. Und ein weißes Hemd. Ich habe morgen ein Bewerbungsgespräch für eine Lehrstelle. (Zeilen 14–15)

6 **b.** Warum hat der Junge die Narben am Bein? Er hatte einen Moped-Unfall.
Was hat der Junge in seiner Tüte? Er hat eine neue Hose und ein weißes Hemd für sein Bewerbungsgespräch in der Tüte.

7 Der Junge wehrt sich nicht, wird bewusstlos. Das Mädchen schreit, läuft weg und nimmt die Tüte mit.

8 Der Junge …
… bemerkt, dass die Göre weg ist, aber ihre Schultasche noch da steht.
… glaubt, dass die Kerle seine Tüte mitgenommen haben.
… hat überall Schmerzen.
… ist ratlos, wie er der Mutter den Verlust der Sachen erklären soll.
… sucht verzweifelt seine Tüte mit der neuen Kleidung.

Seite 43

9 *Beispiel für eine Lösung:*
Der Junge ist erleichtert und glücklich, dass das Mädchen seine Tüte gerettet hat.

10 *Beispiel für eine Lösung:*
Mensch, bin ich froh! Du hast meine Tüte mitgenommen, danke! Und ich dachte, dass die Kerle meine Sachen geklaut hätten. Mein Bewerbungsgespräch morgen ist gerettet! Schau mal, dafür habe ich deine Schultasche.

11, **12** *Beispiel für eine Lösung:*
Einleitung: Die Kurzgeschichte heißt „Die Göre" und ist von der Autorin Melanie Winter. Sie handelt von einem Jungen, der erzählt, was ihm auf einer Zugfahrt nach Hause passiert.
Hauptteil: Der Junge möchte in Ruhe nach Hause fahren und morgen bei seinem Bewerbungsgespräch einen guten Eindruck machen. Er fühlt sich von dem Mädchen, das ihm gegenübersitzt, gestört und mag sie nicht. Trotzdem erzählt er dem Mädchen, dass er einen Moped-Unfall gehabt hat und seitdem sein Bein nicht mehr richtig gebrauchen kann. In seiner Tüte hat er eine neue Hose und ein weißes Hemd für ein Bewerbungsgespräch, das ihm sehr wichtig ist. Als er von zwei Kerlen verprügelt wird, wehrt er sich nicht. Er wird ohnmächtig. Als er wieder zu sich kommt, ist er verzweifelt, weil seine Tüte mit den neuen Sachen verschwunden ist. Er glaubt, die Kerle hätten seine Tüte mitgenommen. Er nimmt die Schultasche mit, die das Mädchen zurückgelassen hat. Der Junge ist ratlos, wie er den Verlust der neuen Sachen seiner Mutter erklären soll. Das ist für ihn schlimmer als seine Verletzungen. Er geht nach Hause. Am Ende fühlt sich der Junge erleichtert und glücklich, weil das Mädchen mit seiner Tüte vor dem Haus sitzt und auf ihn wartet.
Schluss: Ich finde, dass sich der Junge fair verhält. Er nimmt die Schultasche des Mädchens mit, obwohl seine Tüte mit der neuen Kleidung weg ist.

Seite 44

1 **b.** *Beispiel für eine Lösung:*
In der Geschichte könnte es um ein Mädchen gehen, das seine Nase hässlich findet.

Seite 46

3 Irina ist in ihrem Zimmer. Sie will ihren Onkel nicht sehen. Irina sieht sich im Spiegel an.

4 ☒ Sie möchte hübscher aussehen.
☒ Sie möchte allein in ihrem Zimmer sein.

5 *Beispiel für eine Lösung:*
Irina findet ihre Nase <u>zu groß</u>. Irina ist außerdem <u>schlecht gelaunt</u>, weil sie ausgerechnet vor der Klassenfete Pickel im Gesicht hat. Sie ist <u>genervt</u>, weil ihr Onkel zu Besuch ist.

6 „Ich mag diese Küsserei nicht" (Zeile 21).
Von mir aus kann er vom Mond kommen. (Zeile 27)

7 sieht echt gut aus, mächtig breite Schultern, Bart, hat sich verändert

8 „Meine Güte, du bist ja eine richtig hübsche junge Dame geworden!" (Zeilen 35–36)
„Ich finde deine Nase schon fast richtig, aber noch ein wenig zu klein." (Zeilen 46–47)

9 Er meint, dass Schönheit Geschmackssache ist.

Seite 47

10 *Beispiel für eine Lösung:*
Irina fühlt sich jetzt viel besser und sie hat Lust, auf die Fete zu gehen.

11 *Beispiel für eine Lösung:*
Ich hätte nicht gedacht, dass Onkel Thomas mich hübsch findet. Ich dachte, alle finden kleine Nasen hübscher als große.

12 a., b. *Beispiel für eine Lösung:*
Einleitung: Die Kurzgeschichte heißt „Nasen kann man so oder so sehen" und ist von der Autorin Ingrid Kötter. Sie handelt von Irina, die in ihrem Zimmer ist und nicht weiß, ob sie auf die Klassenfete gehen soll.
Hauptteil: Irina ist unzufrieden, weil sie ihre Nase zu groß findet und außerdem auch noch einen Pickel auf der Nase hat. Sie möchte niemanden sehen, auch Onkel Thomas nicht, der zu Besuch ist. Sie hat zuerst auch keine Lust, auf die Fete zu gehen. Onkel Thomas kommt jedoch in ihr Zimmer, bevor sie abschließen kann. Dann steht Irina mit ihrem Onkel vor dem Spiegel und ist überrascht, wie sehr er sich verändert hat. Er ist jetzt ein gutaussehender Typ. Der Onkel meint, dass sie eine junge hübsche Dame geworden sei. Er findet ihre Nase nicht zu groß und mag auch keine Stupsnasen. Er sagt Irina, dass es Geschmackssache ist, welche Art Nasen einem gefallen.
Am Ende fühlt sich Irina viel besser und sie strahlt. Ihr Onkel hat ihr gezeigt, dass es unterschiedliche Meinungen dazu geben kann, was schön ist.

12 c. *Beispiel für eine Lösung:*
Schluss: Mir gefällt an Irina, dass sie nach dem Gespräch ihre Einstellung ändert und sich selbst anders sehen kann. Und ich finde es gut, dass sie doch noch auf die Klassenfete geht.

Seite 49

2 *Beispiel für eine Lösung:*
Die Geschichte könnte auch den Titel „Familienfeier" haben.

3 a. Ale ist die Hauptfigur in der Kurzgeschichte. Außerdem treten noch seine Mutter, seine Tante Lena, die Großmutter und seine Cousine Katharina (Rina) auf.

3 b. Die Großmutter von Ale ist die Mutter seiner Mutter und seiner Tante Lena, folglich sind sie Schwestern. Rina ist die Tochter von Tante Lena, also Ales Cousine.

4 a. Ale ist auf der Geburtstagsfeier seiner Oma. Er möchte gerne ein Gespräch mit seiner Cousine Rina anfangen, aber er weiß nicht, wie. Er zögert, weil er Angst hat, wieder zurückgewiesen zu werden wie auf der Beerdigung seines Opas.

4 b. Als Rina aufsteht, wünscht sich Ale, er wäre auf die gleiche Idee gekommen (vgl. Zeile 19 f.). Außerdem wünscht sich Ale, ein Gespräch mit Rina anzufangen (vgl. Zeile 16 f.).

4 c. Ale, die Hauptfigur, wünscht sich, mit Rina reden zu können, weil er sie vermutlich auf gewisse Weise bewundert. Schließlich weiß Rina immer das Richtige zu sagen.

4 d. Ale schafft es nicht, seiner Cousine Rina näherzukommen, weil sie nicht auf seine Versuche reagiert und sich stattdessen zurückzieht.

4 e. Es scheint so, als ob Ale einen weiteren Versuch starten will, mit Rina zu reden. Außerdem wirkt es so, als sei er nicht mehr allzu eingeschüchtert von ihr und als würde er die Situation weniger verkrampft sehen.

Seite 50

6 a. bis **b.**

Ale	
„Jetzt tat Tante Lena ihm ein bisschen leid." (Zeile 7)	hat Mitgefühl für andere, nachdenklich, sanft
„Ale fühlte, wie seine Cousine neben ihm in sich zusammensackte." (Zeile 11)	ist sehr aufmerksam
„Diesmal hatte Ale wenigstens versucht, mit ihr zu reden, aber …" (Zeile 16 f.)	mutig, aber auch ängstlich
„Wie dumm von mir, dachte Ale, Fliederbeersuppe." (Zeile 18)	eifersüchtig, frustriert

Rina	
„als kleines Kind hatte sie …, weil sie kein K sprechen konnte" (Zeile 12 f.)	ist selbstbewusst
„… neben ihm in sich zusammensackte." (Zeile 11)	sensibel
„… schien nicht an einem Gespräch über Fliederbeersuppe interessiert." (Zeile 16 f.)	desinteressiert, zurückhaltend, spricht wenig
„stand Rina auf und ging." (Zeile 19 f.)	flüchtet vor der Situation

7 a. Vermutlich ist er nervös und überlegt, ob und wie er ein Gespräch anfangen könnte. Wahrscheinlich hat er auch Angst vor einer erneuten Zurückweisung. Er könnte auch sauer auf Rina sein, weil sie einfach gegangen ist.

7 b. *Beispiel für eine Lösung:*
Warum muss es eigentlich immer so angespannt sein, wenn wir uns treffen? Und warum verstehen sich Mama und Tante Lena nicht so gut? Okay, das muss ich gerade sagen. Ich schaffe es noch nicht mal, ein normales Gespräch mit meiner Cousine zu führen. Aber im Gegensatz zu ihr weiß ich nicht immer, was ich sagen soll, es ist so, als ob alle Wörter aus meinem Kopf verschwinden.

8 *Beispiel* für *Inhalte der Mind-Map:*
allgemeine Angaben: Rina ist die Cousine von Ale (Zeile 11).
seine Situation: Zusammen mit seiner Mutter, seiner Tante und seiner Cousine ist er auf dem Geburtstag seiner Oma (Zeile 2).

sein Wunsch: Er möchte gerne mit Rina reden (Zeile 16).
sein Verhalten: Er ist unsicher und nachdenklich, weil er nicht weiß, wie er ein Gespräch anfangen kann (Zeile 17).
seine Gefühle: Ale ist frustriert, weil Rina ihn ignoriert. Außerdem ist er eifersüchtig, weil er das Gefühl hat, dass Rina alles leichter fällt als ihm (Zeilen 24 f. und 27 f.).

9 **a.** bis **d.** *Beispiel für eine Lösung:*
In der Kurzgeschichte „Holundersuppe" von Malin Schwerdtfeger geht es um Ale, einen Jungen, der auf der Geburtstagsfeier seiner Großmutter versucht, seiner Cousine Rina näherzukommen. Allerdings hat er dabei Schwierigkeiten, weil er ein sehr unsicherer Junge ist (Zeile 41 f.). Er hat das Gefühl, dass seine Cousine, im Gegensatz zu ihm, immer genau weiß, was zu tun ist. Auf diese Fähigkeit ist er eifersüchtig und wünscht sich, ähnlich selbstsicher zu sein (Zeile 28 f.). Ale ist sehr zurückhaltend und nachdenklich, aber auch aufmerksam und mit einem feinen Gespür für Gefühle und Stimmungen (Zeile 11). So auch, als seine Mutter seine Tante bei der Geburtstagsrede unterbricht und diese sichtlich beschämt ist. Ale fühlt mit ihr, was zeigt, dass er trotz der angespannten Situation sehr empathisch ist (Zeile 7). Alles in allem ist Ale ein sensibler, mitfühlender Mensch, der sich allerdings nicht viel zutraut und sich deshalb durch seine Eifersucht auf seine Cousine selbst im Weg steht.

10 **a.** *trifft nicht zu:* überraschende Wendung am Ende, Figuren ohne Namen

10 **b.** *Beispiel für eine Lösung:*
Alltagsthema: Die Kurzgeschichte handelt von einer Familienfeier. Jede/-r kennt die Situation, wenn man die Verwandtschaft trifft, die man vielleicht eher selten sieht, und die Situation deshalb etwas angespannt und steif ist.
Personaler Erzähler aus Sicht der Hauptfigur: Leserinnen und Leser erfahren viel über die Gefühle von Ale, außerdem kann man seinen Gedankengängen gut folgen. Allerdings sind die Informationen, die man erhält, beschränkt, was auf einen personalen Erzähler aus Sicht der Hauptfigur hindeutet.

Seite 52

2 Es ist schlimm. Jetzt war ich schon so lange nicht mehr draußen.
Es ist so schön draußen. Und ich darf noch nicht mal in ein Zimmer ohne Vorhänge gehen.

3 *Beispiel für eine Lösung:*
Luke ist unglücklich, weil er das Haus seit einer Woche nicht mehr verlassen hat.

Seite 54

5 Luke hat den Wunsch, draußen zu sein und barfuß durch das Gras zu laufen.

6 ☒ Luke könnte entdeckt werden.
☒ Luke könnte verhaftet werden.

7 Du bleibst von den Fenstern weg. Du siehst gar nicht mehr hinaus. Du kommst erst ins Zimmer, wenn der Vorhang zugezogen ist.

8 *Beispiel für eine Lösung:*
Luke dreht sich um und geht weg. Sein Vater soll ihn nicht weinen sehen.

9 **b.** *Beispiel für eine Lösung:*
Luke stößt die Eisenbahn um, weil er wütend und traurig ist.

10 **b.** Luke ist das dritte Kind in seiner Familie. Niemand darf wissen, dass es ihn gibt. Luke hat das Haus seit einer Woche nicht mehr verlassen. Er wäre gerne draußen, aber sein Vater verbietet es ihm. Luke darf nicht einmal aus dem Fenster sehen.

Seite 55

2 *Beispiel für eine Lösung:*
Luke wirkt auf mich fest entschlossen, aber auch etwas ängstlich.

Seite 57

3 *Beispiel für eine Lösung:*
Luke bricht in das Nachbarhaus ein. Das ist für ihn besonders gefährlich, denn niemand darf wissen, dass es ihn gibt.

4 Luke möchte das dritte Kind im Nachbarhaus kennenlernen.

5 Luke muss das Fliegengitter der Tür einschlagen. / ~~Die Sport-Familie hat einen Wachhund~~. / Luke hat Angst, entdeckt zu werden. / Das Mädchen greift Luke an. / ~~Im Haus ertönt die Alarmanlage~~.

6 Zeilen 5–6: Mit jeder Sekunde stellten sich die Haare in seinem Nacken ein wenig mehr auf.
Zeilen 24–26: Mit angehaltenem Atem blieb Luke vor dem Zimmer stehen und nahm seinen ganzen Mut zusammen, um hineinzuspähen. Sein Herz klopfte wie wild.
Zeile 53: Luke ergriff die nackte Angst.

7 Zeilen 58–59: Er sagte einfach das Erstbeste, was ihm einfiel. „Bevölkerungspolizei."

8 Das Mädchen lässt ihn los.

9 *Beispiel für eine Lösung:*
Ich vermute, dass die Bevölkerungspolizei nach den dritten Kindern sucht, um sie zu verhaften.

Seite 58

10 a. Wie heißt das Jugendbuch? „Schattenkinder"
Wie heißt die Autorin? Margaret Peterson Haddix
☒ Luke bricht in das Nachbarhaus ein und trifft dort auf ein Mädchen.

10 b., 11, 12 *Beispiel für eine Lösung:*
Inhaltsangabe
Einleitung: Das Jugendbuch mit dem Titel „Schattenkinder" wurde von der Autorin Margaret Peterson Haddix geschrieben. In dem Buchauszug geht es um Luke. Er bricht in das Nachbarhaus ein und trifft dort auf ein Mädchen.
Hauptteil: Luke möchte das dritte Kind der Sport-Familie kennenlernen. Er schlägt die Fliegengittertür bei den Nachbarn ein und schleicht durch das Haus. Das ist für ihn besonders gefährlich, weil niemand wissen darf, dass es ihn gibt. In einem Zimmer entdeckt er ein Mädchen am Computer. Das Mädchen bemerkt Luke und greift ihn an. Sie drückt ihn auf den Boden. Luke kann sich zuerst nicht befreien und bekommt große Angst. Am Ende sagt er einfach das Wort „Bevölkerungspolizei" und das Mädchen lässt ihn los.
Schluss: Ich würde gerne das ganze Buch lesen, weil ich die Geschichte ziemlich spannend finde.

Seite 60

2 *Beispiel für eine Lösung:*
düstere Stimmung, Angst, wohin gehen die Whistleblower?

Seite 61

3 Ausgelöst wird die Panik durch das Heulen der Sirene.

4 *Zuordnung:* 1B, 2D, 3A, 4E, 5C

5 a. *Mögliche Textstellen:*
„Ich fahre zusammen, vor Schreck fängt mein Herz wild an zu klopfen, alles in mir wittert die Gefahr" (Zeile 1 f.).
Menschen müssen sich „vor einem Luftangriff ungefähr so gefühlt haben" (Zeile 6 f.).
„Einen Moment sitzen wir wie erstarrt um den Tisch" (Zeile 9 f.).

5 b. *Beispiel für eine Lösung:*
Juniper springt so schnell auf, dass sie fast die Gläser umwirft, und rennt weg. Die Mutter ist vor Schrecken wie erstarrt, kann sich nicht bewegen.

6 a. *Mögliche Textstellen:*
„Die Transporter biegen in unsere Straße ein, zwei schwarze Lieferwagen mit leuchtend roten F-Symbolen auf den Seiten" (Zeile 30 f.).
„die Trillerpfeifen setzen lautstark ein, als je vier uniformierte Whistleblower herausspringen, gekleidet in Springerstiefel und die typischen roten Westen über schwarzen Hemden" (Zeilen 60 ff.).
„unablässigen Lärm" (Zeile 63)
„ich fühle nur noch Panik. Vielleicht ist das ja die Absicht, die hinter den Trillerpfeifen steckt" (Zeilen 63 ff.).

6 b. Sie machen den Leuten Angst durch ihr Aussehen, ihre Uniformen mit den Springerstiefeln. Sie beängstigen die Menschen auch durch den Lärm, den sie verursachen (Sirene).

Seite 62

7 Die Hauptfigur ist Celestine. Die Situation, die ihr Angst macht, ist die, dass die Whistleblower plötzlich mit Sirenengeheul in ihre Straße kommen. Ein Beispiel für ihre begründete Angst ist, dass der Wagen der Whistleblower direkt vor ihrem Haus hält. Celestines Wunsch ist, dass die Whistleblower nicht zu ihnen kommen / niemanden mitnehmen werden. Ob dieser Wunsch in Erfüllung gehen wird, weiß man noch nicht, denn der Buchauszug endet hier und es bleibt offen, was die Whistleblower wollen.

8 a. In dieser Situation, als die Whistleblower in ihrer Straße halten, macht sie sich plötzlich Sorgen: um die arme Person, die die Whistleblower holen wollen.
Ihren Wunsch spricht sie nicht aus, aber man kann sich denken, was sie möchte: dass die Whistleblower niemanden verhaften.

8 b. Fehlerhafte waren bisher für Celestine im Unrecht, und Whistleblower waren für sie Beschützer und auf ihrer Seite. Jetzt plötzlich sieht sie die Person, die die Whistleblower verhaften wollen, als „arm" an. Und die Whistleblower erscheinen ihr als Gegner.

8 c. Würde Celestine diesen Gedanken laut aussprechen, würde man sie wahrscheinlich verhaften.

10 a. bis **c.** *Beispiel für eine Lösung:*
In dem Textauszug aus dem Roman „Flawed" von Cecelia Ahern wird beschrieben, wie eines Abends bei einem Essen mit ihren Eltern und Geschwistern sowie ihrem Freund Art und dessen Vater die Sirenen von Gilde-Transportern ertönen. Sie beobachten, wie die Transporter in ihre Straße einbiegen. In den Transportern sitzen die Whistleblower, die als Armee der Gilde ausgesandt werden, um diejenigen zu verhaften, die „moralisch und ethisch fehlerhaft" sind (Zeile 36).
Die Hauptfigur ist Celestine. Die Situation, die ihr Angst macht, ist die, dass die Whistleblower plötzlich mit Sirenengeheul in ihre Straße kommen. Ein Beispiel für ihre begründete Angst ist, dass der Wagen der Whistleblower

direkt vor ihrem Haus hält. Ihr Wunsch ist, dass die Whistleblower nicht zu ihnen kommen und jemanden mitnehmen werden. Ob dieser Wunsch in Erfüllung gehen wird, weiß man noch nicht, denn der Buchauszug endet hier und es bleibt offen, was die Whistleblower wollen.
In dieser Situation, als die Whistleblower in ihrer Straße halten, macht Celestine sich plötzlich Sorgen um die arme Person, die die Whistleblower holen wollen. Ihren Wunsch spricht sie nicht aus, aber man kann sich denken, was sie möchte, nämlich dass die Whistleblower niemanden verhaften. Fehlerhafte waren bisher für Celestine im Unrecht und Whistleblower waren für sie Beschützer und auf ihrer Seite. Jetzt plötzlich sieht sie die Person, die die Whistleblower verhaften wollen, als „arm“ an. Und die Whistleblower erscheinen ihr als Gegner. Würde sie diesen Gedanken laut aussprechen, würde man sie wahrscheinlich verhaften.

Seite 64

1 **b.** *Beispiel für eine Lösung:*
Eine Familie verreist. Sie bringen ihr Gepäck ins Auto und fahren los. Die Fahrt dauert vermutlich lange und es ist heiß.

3 ☒ Eine Familie kommt nach einer langen Autofahrt am Urlaubsort an.

Seite 65

4 schlafen, schimpfen, hupen, schwitzen, weiterfahren, weitersitzen (Verse 13–14)

5 Die Familie fühlt sich müde und erschöpft.

6 Das Gedicht „Urlaubsfahrt“ hat vier Strophen. Jede Strophe hat vier Verse.

7 **a.** *Reimwörter:* tragen – wagen, kinder – blinker, raus – haus, schlange – bange, heiß – schweiß, brote – tote, schwitzen – sitzen, pension – schon

7 **b.** ☒ Die Reime sind paarweise angeordnet: aabb (der Paarreim).

8 **a.** Alle Wörter sind kleingeschrieben. Das Gedicht besteht aus einzelnen Wörtern. Es gibt nur einen einzigen Doppelpunkt.

8 **b.**
☒ Die Urlaubsfahrt wirkt hektisch, zu lang und zu anstrengend.
☒ Die Hektik wird einmal unterbrochen: Das Radio meldet Tote.

Seite 66

9 **b.** koffer (Verse 1, 3)

9 **d.** winke winke (Vers 6), autobahnen, autoschlange (Vers 7), weiterfahren, weitersitzen (Vers 14)

10 *Beispiel für eine Lösung:*
Das Gedicht „Urlaubsfahrt“ von dem Dichter Hans A. Halbey handelt von einer Familie, die eine anstrengende Autofahrt in den Urlaub erlebt.

11 *Beispiel für eine Lösung:*
Der Dichter verwendet eine besondere Sprache. Dadurch wirkt das Gedicht auf mich stressig. Mir gefällt das Gedicht nicht gut, weil mich diese Stimmung nervös macht.

Seite 67

1 **b.** *Beispiel für eine Lösung:*
Es geht um ein kleines Haus, das in der Nähe der Bahnstrecke auf einem Berg steht. Vielleicht wohnt darin jemand, der die Züge beobachtet.

2 ☒ Tag und Nacht rasen Züge an dem Haus vorbei.
☒ Das Häuschen spricht mit den Zügen.
☒ Wenn die Züge vorbeifahren, zittert das Haus.

Seite 68

3 Häuschen: steht auf einem Hügel, einsam, bestellt Grüße, zittert
Züge: brausen vorbei, laut, fahren in die Welt, rauchen und stampfen

4 *Diese Sprechblasen solltest du markiert haben:*

Wo kommt ihr her? Wo wollt ihr hin?

Nehmt meine Grüße an die Welt mit!

6 Das Gedicht hat sieben Strophen. Jede Strophe hat zwei Verse.

7 **a.** *Reimwörter:* Gebraus – Haus, auf – Lauf, bestellt – Welt, Geschrill – totenstill, Gleis – leis

7 **b.** ☒ Paarreim aabb

Seite 69

8 **a.** Das Häuschen kann sprechen.

8 **b.** *Beispiel für eine Lösung:*
Sehnsucht, Einsamkeit, Traurigkeit, Fernweh

9 *Beispiel für eine Lösung:*
Das Häuschen wünscht sich, auch einmal mit dem Zug zu verreisen.

10 Strophen 2 und 7: Tag und Nacht
Strophe 3 und 7: zittert leis

11 **a.** Rauch, Gestampf, Geroll, Geschrill …

11 **b.** Man kann fast hören, wie die Züge vorbeirattern.

Seite 70

12 In dem Gedicht „Das Häuschen an der Bahn" von dem Dichter Christian Morgenstern geht es um ein einsames Häuschen, an dem ständig Züge vorbeirattern.

13 *Beispiel für eine Lösung:*
Das Gedicht hat sieben Strophen mit jeweils zwei Versen. Die Reimform ist der Paarreim. In dem Gedicht wird das Häuschen wie ein Mensch dargestellt: Das Häuschen ist neugierig und spricht mit den Zügen. Es fühlt sich einsam, denn niemand antwortet. Vielleicht würde es gerne mit einem Zug in die weite Welt reisen. Aber die Züge rattern einfach vorbei.

Seite 71

1 **b.** *Beispiel für eine Lösung:*
Wenn ich mir das Bild anschaue, vermute ich, dass es in dem Gedicht „Die Wälder schweigen" um Verschmutzung und Lärm in den Städten geht, während die Natur im Vergleich dazu ruhig und gesund ist.

3 **a.** die Stadt: wirkt bedrückend, laut
die Wälder: verbreiten Ruhe und Frische, wirken tröstend
die Natur: weckt Sehnsucht

3 **b.** Die Stimmung in der Stadt wirkt in dem Gedicht bedrückend und laut, während die Wälder Ruhe und Frische fühlen lassen, so dass bei den Menschen die Sehnsucht nach der Natur geweckt wird.

Seite 72

4 **a., b.** Verse, in denen die Stadt beschrieben wird: 2, 4–7, 11, 16
Verse, in denen die Natur beschrieben wird: 1, 3, 8–10, 13–15, 17–20

4 **c.** *Strophe 1*: Den Wechsel der Jahreszeiten kann man in den Wäldern und Feldern erleben. Der Mensch, umgeben vom Geschrei in der Stadt, liest davon nur in der Zeitung.
Strophe 2: In der dicht bebauten Stadt ist schlechte Luft. So träumt der Mensch von einem Besuch in der Stille und Frische der Natur.
Strophe 3: Der Mensch flieht aus der Stadt, weg von der Arbeit in Büros oder Fabriken in die Natur, wo ihn Pflanzen und Tiere wieder gesund machen können.
Strophe 4: In der Stadt verliert der Mensch seine Seele, nur in der Stille der Natur kann er sie wiederfinden und Trost erhalten.

5 **a.** Das Gedicht besitzt vier Strophen mit jeweils fünf Versen.

5 **b.** abaab; cdcdd; efeef; ghggh

5 **c.** ☒ umarmender Reim (baab), wobei sich der erste Vers (a) auf die umarmten Verse reimt

5 **d.** ☒ ruhig

6 **a.** *Weitere Personifikationen:*
„Jahreszeiten strolchen" (Vers 3)
„Geschrei der Stadt" (Vers 5)
„Dächermeer schlägt ... Wellen" (Vers 6)
„Gräser ... nicken" (Vers 13)
„Spinnen ... stricken" (Vers 14)
„Wälder schweigen" (Vers 19)
„sie [die Wälder] trösten jeden" (Vers 20)

6 **b.**
☒ Die Personifikationen vermitteln die Lebendigkeit der Natur.
☒ Die Personifikationen vermitteln die Bedrohung der Stadt.
☒ Die Personifikationen unterstützen die positive Wahrnehmung des Jahreszeitenwechsels in der Natur.

7 **a.** *Wiederholungen:*
„Man liest ..." (Vers 2); „Man zählt ..." (Vers 4, darin zweimal); „Man träumt ..." (Verse 8 und 9); „Man flieht ..." (Vers 11)

7 **b.** Der Mensch nimmt die Stadt als eintönig und bedrückend wahr. – Der Mensch nimmt die Natur als lebendig, ruhig und tröstend wahr.

Seite 73

8 **a.** Der Vergleich bewirkt, dass die Menschen die dicke, also verschmutzte Luft mit der Undurchlässigkeit eines Tuches verknüpfen. Dies verstärkt das Gefühl zu ersticken.

8 **b.** Der Vergleich bewirkt, dass die Bäume Eigenschaften eines Bruders wie familiär und vertrauensvoll erhalten.

9 *Beispiel für eine Lösung:*
Die Überschrift „Die Wälder schweigen" betont zwar die Stille in der Natur, trotzdem sind die Wälder nicht stumm, da man mit ihnen vertrauensvoll, „wie mit Brüdern", reden kann. Die Natur kann uns auch ohne Worte Trost spenden.

10 *Einleitung*: Das Gedicht „Die Wälder schweigen" von Erich Kästner aus dem Jahr 1936 thematisiert die Sehnsucht der Stadtmenschen nach der Natur / die Gegensätze von Stadt und Natur.

11 **a.** *Hauptteil*:
Die erste Strophe verdeutlicht, dass die Menschen den Wechsel der Jahreszeiten in den Städten gar nicht mehr erleben.
Die zweite Strophe thematisiert das Leben der Menschen in luftverschmutzten Städten und ihren Wunsch nach Stille in der Natur.
Die dritte Strophe handelt davon, dass der Mensch aus der Stadt, weg von seiner Arbeit

(im Büro oder in der Fabrik), die ihn krank macht, in die Natur flieht, um wieder gesund zu werden.
In der vierten Strophe wird deutlich, dass der Mensch, in der Stadt seelenlos geworden, nur in der Natur Trost erhält und seine Seele wiederfindet.

11 b. Das Gedicht hat vier Strophen mit je fünf Versen. Man findet den umarmenden Reim, wobei sich der erste Vers auf die umarmten Verse reimt. Die gleiche wiederkehrende Abfolge über die fünf Strophen wirkt ruhig, so wie die Natur auf den Menschen.
Erich Kästner verwendet Personifikationen, für die Stadt z. B. „das Geschrei der Stadt" (Vers 5) oder für die Natur z. B. „Gräser … nicken" (Vers 13), „Spinnen … stricken" (Vers 14). Dadurch wirkt die Stadt bedrohlich und die Natur lebendig.
Auch Vergleiche im Bereich Stadt und Natur veranschaulichen die Sehnsucht des Menschen nach der Natur. Der Vergleich „Die Luft ist dick und wie aus grauem Tuch" (Vers 7) verstärkt das Gefühl, in der Stadt zu ersticken. Demgegenüber wirkt die Natur vertrauensvoll und tröstend auf den Menschen: „Mit Bäumen kann man wie mit Brüdern reden" (Vers 17).

11 c. Die Sprecherin / Der Sprecher im Gedicht macht bewusst, dass uns das Leben in der Stadt krank machen kann und wir die Natur brauchen. Auch wenn „Die Wälder schweigen", so sind die Wälder nicht stumm. Sie können uns durch Stille etwas geben. Die Natur kann uns auch ohne Worte Trost spenden.

Seite 74

1 Hockeyschläger, Hockeyschuhe, Trikot, Hose, Stutzen, Schienbeinschützer, Helm mit Gitter

2 die Schnelligkeit, die Ausdauer, die Taktik, das Zusammenspiel

3 der Torwart, die Feldspieler, der Schiedsrichter, die Zuschauerinnen und Zuschauer

4 das Feldhockey, der Hockeyschläger, die Hockeyschuhe, der Hockeyhelm, der Hockeyball, das Eishockeyspiel, die Hockeymannschaft

Seite 75

1 wichtig, viel, weit, interessanter, am interessantesten, elegant, höher, am wichtigsten, viele, unterschiedliche, am besten

2 gut – besser (als) – am besten
interessant – interessanter (als) – am interessantesten
wichtig – wichtiger (als) – am wichtigsten

3 *Beispiel für eine Lösung:*
Ich finde das Klettern in der Halle interessant. Skateboardfahren finde ich interessanter als Klettern. Mir ist am wichtigsten, dass es Spaß macht und ich meine Freunde treffe.

Seite 76

1 Unsere Sportschuhe sind zu klein geworden.
Seine Stollen geben dir besonders auf rutschigen Böden sicheren Halt.
Und meine Sportart ist Klettern.

2 dieser Schuh, dieses Modell, diese Schuhe

3 Ich habe mich für dieses Modell entschieden. Der Verkäufer hat mich überzeugt, dass diese Stollen ideal sind. Ich bin sicher, dass ich mit diesen Schuhen doppelt so viele Tore schießen werde wie sonst.

Seite 77

1 a. Astronauten haben einen ungewöhnlichen Beruf.
Fußballprofis sind berühmte Menschen und verdienen viel Geld. Sänger werden von begeisterten Menschen bejubelt. Comedians bereiten dem Publikum großen Spaß. Der Beruf Rettungssanitäter/-in ist wichtig für die schnelle Behandlung kranker Patienten.

1 b. Sänger verdienen auch viel Geld. → Sie verdienen auch viel Geld.
Comedians arbeiten mit ihrer Mimik und ihrer Stimme. → Sie arbeiten mit ihrer Mimik und ihrer Stimme.
Der Beruf Rettungssanitäter/-in ist wichtig für die schnelle Behandlung kranker Patienten. → Er ist wichtig für die schnelle Behandlung kranker Patienten.

Seite 78

1 a., b. Heute haben meine Kanumannschaft und ich Ausdauertraining in der Sporthalle. Mein Trainer hat für uns verschiedene Stationen aufgebaut. Er hat große Kästen hingestellt. Die Sportler springen darüber. Sie sind alle sehr motiviert. Von der Decke hängen die Taue. Alle klettern sie hoch und runter. Alle Sportler machen gut mit. Am Ende der Stunde ist der Trainer von ihnen begeistert.

2 Dieses Paddelboot ist ein Kajak.
Mit dem Kajak fahre ich über diesen Fluss.
Mir macht dieser Sport viel Spaß.
Aus diesem Grund hat es eine Spritzdecke.

Seite 79

1 Ich helfe regelmäßig unserer achtzigjährigen Nachbarin, Frau Grewe. Freitags besuchen wir den Wochenmarkt und kaufen frisches Gemüse und Obst ein. Ich trage dann die Taschen nach Hause und räume die Einkäufe ein.

2 Aber gestern ist Frau Grewe gestolpert und hat sich den Fuß gestoßen. Deshalb sind wir zu Hause geblieben. Ich habe zuerst im Garten aufgeräumt und den Rasen gemäht. Später bin ich allein zum Einkaufen gegangen, während Frau Grewe sich im Gartenstuhl ausgeruht hat.

3

Verben im Präsens	Verben im Perfekt
wir bleiben (zu Hause)	wir sind (zu Hause) geblieben
ich helfe	ich habe geholfen
ich räume auf	ich habe aufgeräumt
ich gehe (zum Einkaufen)	ich bin (zum Einkaufen) gegangen

4 Ich habe die Blumen eingepflanzt. Ich habe das Bett bezogen. Ich bin zur Apotheke gegangen und habe eine Salbe gekauft. Wir haben Kaffee getrunken.

Seite 80

1 a. Während meiner Schulzeit half ich zweimal in der Woche einem älteren Ehepaar in der Nachbarschaft. Ich kaufte im Supermarkt ein und bügelte die Wäsche. Danach tranken wir oft noch einen Tee und erzählten ein bisschen. Manchmal sah ich der Nachbarin beim Backen zu.

1 b. ich half – helfen, ich kaufte ein – einkaufen, ich bügelte – bügeln, wir tranken – trinken, wir erzählten – erzählen, ich sah zu – zusehen

2 Ich brachte die Blumenkästen in den Keller. Ich räumte den Balkon auf. Ich las den Nachbarn vor. Ich half den Nachbarn am Computer. Ich begleitete sie beim Spaziergang. Ich ging zur Post.

Seite 81

1 **Agit:** Ich werde bald einen Kurs zum Schulsanitäter machen. Aber ich werde auch zukünftig für unsere Nachbarin einkaufen.
Max: Mein Freund und ich werden in den Ferien die Kindermannschaft im Fußballverein trainieren. Ich werde ihnen meine Hilfe anbieten.
Klara: Ich werde einen Kurs zum Erstellen einer Website machen.

2 ich werde machen, er wird einkaufen, du wirst trainieren, wir werden anbieten

3 Ich werde im Garten arbeiten. Wir werden euch bei den Hausaufgaben helfen. Ich werde den Hund der Nachbarn ausführen. Wir werden in der Kleiderkammer mithelfen. Anna wird babysitten. Lukas wird bald mein Fahrrad reparieren.

Seite 82

1 a., b. *Präsens, Präteritum, Plusquamperfekt:*
Im Rahmen eines Schnuppertages arbeiteten Michelle und Florian bei einem Caterer und bereiteten Cupcakes für ein Fest vor. Jetzt sind sie Profis darin! Zuerst holten sie die Zutaten und bereiteten den Teig zu. Dann befüllte Michelle die Muffinförmchen. Florian heizte den Backofen vor. Dann legte er die Muffins auf das Backblech und schob es in den Ofen. Nach 20 Minuten holte Florian das Backblech mit einem Ofenhandschuh aus dem Ofen. Dabei kam es zu einem Unfall, bei dem er sich am Arm verbrannte. Nachdem Florian den Arm unter kaltem Wasser gekühlt hatte, machte die Chefin einen Verband. Florians Vater holte ihn ab und fuhr zur Apotheke. Nachdem sie dort ein Brandgel gekauft hatten, fuhren sie nach Hause. Dort verarzteten sie den Arm mit dem Gel und einem neuen Verband.

2 a. Wir werden die Sahne mit dem Beutel auf die Muffins spritzen. Wir werden die Muffins mit verschiedenen Süßigkeiten dekorieren. Wir werden die Muffins in Cupcake-Boxen packen.

2 b. *Beispiel für eine Lösung:*
Ich werde die Muffins mit Schokostreuseln verzieren.
Sie wird die Muffins mit Erdbeeren dekorieren.
Du wirst die Muffins mit Glasur versehen.
Wir werden alle Muffins in ein buntes Papier stellen.

Seite 83

1 a. Dafür werden die Pflanzen zwei bis drei Stunden vorher gewässert. Die neuen Blumentöpfe werden mit Erde gefüllt. Dann wird mit dem Pikierstab ein tiefes Loch in die Mitte gestochen.

1 b.

Infinitive	Verben im Passiv
wässern	werden gewässert
füllen	werden gefüllt
stechen	wird gestochen

2 Die Erde wird um jede Pflanze herum etwas gelockert. Eine Pflanze wird vorsichtig mit den Wurzeln herausgehoben und in das Loch gesetzt. Die Wurzeln werden zum Schluss mit Erde bedeckt.

Seite 84

1 b. Zuerst lege ich eine Schicht aus Tonscherben in das Pflanzgefäß. Auf die Drainageschicht gebe ich eine Lage Pflanzenerde. Die Wurzeln der Pflanzen lockere ich mit den Fingern. Die Pflanzen nehme ich vorsichtig aus ihren alten Töpfen und setze sie auf die Erde. Dann fülle ich die Wurzelballen mit Erde auf und drücke die Pflanzen an. Zum Schluss gieße ich die Pflanzen.

1 c., d. ich lege eine Schicht aus Tonscherben → eine Schicht aus Tonscherben wird gelegt
ich gebe eine Lage Pflanzenerde → eine Lage Pflanzenerde wird gegeben
ich lockere die Wurzeln → die Wurzeln werden gelockert
ich nehme die Pflanzen vorsichtig → die Pflanzen werden vorsichtig genommen
ich setze die Pflanzen → die Pflanzen werden gesetzt
ich fülle die Wurzelballen auf → die Wurzelballen werden aufgefüllt
ich drücke die Pflanzen an → die Pflanzen werden angedrückt
ich gieße die Pflanzen → die Pflanzen werden gegossen.

Seite 85

1 a. Mariella sagte, dass sie gerne Inliner mit ihren Freundinnen fahre. Sie erzählte, sie hätten einen Kurs gemacht. Sie meinte, dass sie gut auf ihren Inlineskates sei.

1 b. ich → sie, wir → sie, ich → sie, fahre → fahre, haben → hätten, bin → sei

1 c. 1. Pronomen; 2. Verben

1 d. „Mariella sagte, dass sie gerne Inliner mit ihren Freundinnen fahre. Sie erzählte, sie hätten einen Kurs gemacht. Sie meinte, dass sie gut auf ihren Inlineskates sei."

Seite 86

2 a., b. Marcel: Gestern haben wir einen Inliner-Kurs gemacht. Zuerst haben wir die Schutzkleidung richtig angezogen.
Ayden: Dann haben wir das Aufstehen geübt.
Marcel: Dabei habe ich wirklich Probleme gehabt. Ich bin oft umgekippt.
Ayden: Endlich haben wir die praktischen Fahrübungen gemacht. Ich habe viel gelernt.

3 Marcel und Ayden erzählten, sie hätten einen Inliner-Kurs gemacht. Zuerst hätten sie die Schutzkleidung richtig angezogen. Dann hätten sie das Aufstehen geübt. Marcel meinte, er habe dabei wirklich Probleme gehabt. Er sei oft umgekippt. Die beiden ergänzten, sie hätten die praktischen Fahrübungen gemacht und sie hätten viel gelernt.

4 Marcel und Ayden erzählten, dass sie einen Inliner-Kurs gemacht hätten.
Marcel meinte, dass er dabei wirklich Probleme gehabt habe.

Seite 87

1 Für den Ölwechsel muss die Motorhaube des Autos geöffnet werden. Die Kfz-Mechatroniker müssen auch oft unter dem Auto arbeiten. Dazu wird es auf die Hebebühne gefahren und angehoben. Jeder Mitarbeiter besitzt einen Werkzeugwagen, in dem er sein Werkzeug lagert und den er zu einem Fahrzeug rollen kann.

2 Das ist ein elektrischer Schraubendreher, den man für festsitzende Schrauben benutzt.
Diese Bürste hat Drahthaare. Die Drahtbürste benutzt man, um Rost und Schmutz von den Schrauben zu entfernen.
Bei den Autoreifen müssen die Schrauben mit dem richtigen Drehmoment festgezogen werden. Dazu benutzt man den Drehmomentschlüssel.
Für den Ein- und Ausbau von Zündkerzen gibt es einen speziellen Schlüssel, den Kerzenschlüssel.

Seite 88

1 a., b. Mia sagt, dass er ihr das Herz gebrochen habe. Sie meint damit, dass jemand sie unglücklich gemacht habe / ihr jemand Leid zugefügt habe.

2 b. *Gesagtes → Gemeintes:*
sich aus dem Staub machen → verschwinden
jemanden ins Herz schließen → Zuneigung zu jemandem entwickeln
einen Korb bekommen → abgewiesen werden
in jemanden verschossen sein → in jemanden verliebt sein
wie Pech und Schwefel zusammenhalten → Freunde, die zusammenhalten

3 b., c. *Redewendung → Bedeutung:*
einen Stich ins Herz bekommen → eine seelische Verletzung bekommen
auf Wolke sieben schweben → verliebt / sehr glücklich sein
Schmetterlinge im Bauch haben → verliebt / aufgeregt sein
das Herz rutscht einem in die Hose → sehr aufgeregt sein
jemanden im Regen stehen lassen → jemanden mit etwas alleine lassen

Seite 89

1 Der Skipper zeigt der Klasse das Schiff und die Kajüten.
Alle Jugendlichen bringen ihr Gepäck in die Kajüten, verstauen ihre Kleidung und beziehen ihre Betten.
Die Jugendlichen tragen die Lebensmittel in die Kombüse. Die Jugendlichen räumen die Lebensmittel in die Schränke. Die Jugendlichen bereiten mit dem Maat das Essen zu.

2 Die Mädchen tragen die Lebensmittel in die Kombüse. Die Jungen räumen die Lebensmittel in die Schränke. Kati, Paul und Nihal bereiten mit dem Maat das Essen zu.

Seite 90

1 **Was** erklärt der Skipper den Jugendlichen?
die Segelkommandos
Wen oder was beobachten einige Jungen?
die Möwen
Wem helfen Paul und Nihal unter Deck?
dem Maat

2 **a., b. Wem** gefallen der Wind und das leichte Schwanken? Den Mädchen gefallen der Wind und das leichte Schwanken.
Wem erklärt der Skipper die Segelkommandos?
Den Jugendlichen erklärt der Skipper die Segelkommandos.
Wen oder **was** steuern Jasmin und Anne?
Jasmin und Anne steuern das Schiff.
Was besprechen die Lehrerin und der Skipper?
Die Lehrerin und der Skipper besprechen die Route für die nächsten Tage.

Seite 91

1 Am Vormittag sitzen einige Jugendliche unter Deck.
Der Skipper erklärt ihnen ausführlich, wie man Seemannsknoten macht.
Mehmet, Paul und Kati üben geduldig den Achtknoten und den Palstek.
Aufmerksam schauen sie auf die Hände des Skippers.

2 *Beispiel für eine Lösung:*
Am Nachmittag ankert das Schiff in der Mitte des Sees. Einige Jugendliche springen mutig ins kalte Wasser. Über die Strickleiter klettern sie zurück an Bord.

Seite 92

2 *Beispiel für Lösungen:*
Auf dem Schiff verbrachten wir vier schöne Tage.
Vier schöne Tage verbrachten wir auf dem Schiff.
Am ersten Tag lernten wir das Hissen der Segel.
Das Hissen der Segel lernten wir am ersten Tag.
Geduldig übten wir am zweiten Tag die Seemannsknoten.
Beim gemeinsamen Kochen hatten wir immer viel Spaß.
Am letzten Tag besuchten wir das Tauchmuseum in der Hafenstadt Lemmer.

3 *Beispiel für eine Lösung:*
Segeltour auf dem IJsselmeer
Der Skipper steuerte uns wunderbar über das IJsselmeer. Vier schöne Tage verbrachten wir auf dem Schiff. Wir lernten am ersten Tag das Hissen der Segel. Am zweiten Tag übten wir geduldig die Seemannsknoten. Wir hatten beim gemeinsamen Kochen immer viel Spaß. Am letzten Tag besuchten wir das Tauchmuseum in der Hafenstadt Lemmer. Das IJsselmeer ist übrigens kein Meer, sondern der größte See der Niederlande. Der Name des Sees stammt von dem Fluss IJssel. Der See wird durch einen langen Deich von der Nordsee abgetrennt. Eine Segeltour auf dem IJsselmeer können wir euch sehr empfehlen.

Seite 93

1 **a., b.**

Vorfeld	linkes Verbfeld	Mittelfeld	rechtes Verbfeld
Seit einigen Jahren	werden	wieder Wölfe in Deutschland	gesehen.
Sie	wander-ten	aus Ost-europa	ein.
Auf alten, verlassenen Plätzen	konnten	sie ihre Jungen	groß-ziehen.
Wölfe	fressen	am liebsten andere Wald-tiere.	
Besitzer von Nutztieren	machen sich	große Sorgen um ihre Tiere.	
Manchmal	reißen	Wölfe auch Schafe oder Ziegen.	
Wölfe	gehen	Menschen aus dem Weg.	

1 **c., d.**

Vorfeld	linkes Verbfeld	Mittelfeld	rechtes Verbfeld
In Deutsch-land	werden	seit einigen Jahren wie-der Wölfe	gesehen.
Aus Ost-europa	wander-ten	sie	ein.
Am liebsten	fressen	Wölfe andere Waldtiere.	

2 **a.** bis **e.** Seit einigen Jahren werden wieder **Wölfe** in Deutschland gesehen.
Wer oder was wird wieder gesehen? Wölfe
Was geschieht mit den Wölfen? werden gesehen

Sie wanderten aus Osteuropa ein.
Wer wanderte aus Osteuropa ein? sie
Was taten sie? wanderten ein

Auf alten, verlassenen Plätzen konnten **sie** ihre Jungen großziehen.
Wer konnte ihre Jungen großziehen? sie
Was konnten sie? ihre Jungen großziehen

Wölfe fressen am liebsten andere Waldtiere.
Wer oder was frisst? Wölfe
Was tun Wölfe? fressen

Besitzer von Nutztieren machen sich große Sorgen um ihre Tiere.
Wer macht sich große Sorgen? Besitzer von Nutztieren
Was tun Besitzer von Nutztieren? machen sich (Sorgen)

Manchmal reißen **Wölfe** auch Schafe oder Ziegen.
Wer oder was reißt? Wölfe
Was tun Wölfe? reißen
Wen oder was reißen Wölfe? Schafe oder Ziegen

Wölfe gehen Menschen aus dem Weg.
Wer oder was geht aus dem Weg? Wölfe
Was tun Wölfe? gehen (aus dem Weg)
Wem gehen Wölfe aus dem Weg? Menschen

Seite 94

1 Die Arbeit macht Spaß, weil ich gerne draußen bin. Wir müssen regelmäßig das Unkraut aus den Beeten entfernen, damit es im Park gepflegt aussieht. Wenn es länger nicht geregnet hat, lassen wir einen Rasensprenger über den Rasen und die Blumenbeete laufen. Wir dürfen eine Pause machen, während der Rasensprenger läuft.

2 Die Hecken werden immer geschnitten, wenn sie zu hoch gewachsen sind. Der Chef schneidet sie mit der elektrischen Heckenschere, während ich die Zweige zusammenfege. Ich trage Arbeitshandschuhe, damit ich mich nicht verletze. Die Arbeit gefällt mir, weil man Ausdauer und Kraft braucht.

3 Tarik trägt jede Woche Zeitungen aus, ...
weil er gerne draußen unterwegs ist.
wenn die Eltern es erlauben.
damit er etwas Geld verdient.

Anna besucht einen Babysitter-Kurs, ...
weil sie auf das Baby der Nachbarn aufpassen möchte.
wenn die Eltern es erlauben.

Naomi kann bei der Apfelernte helfen, ...
wenn das Wetter gut ist.
wenn die Eltern es erlauben.
damit sie etwas Geld verdient.

Paul arbeitet in der Eisdiele, ...
damit er etwas Geld verdient.
wenn das Wetter gut ist.
wenn die Eltern es erlauben.

Seite 95

1 Laras **Onkel**, der Altenpfleger ist, hat Lara viel von seiner Arbeit erzählt. Lara fährt nun einmal in der Woche in ein **Altenheim**, das an einem großen Park liegt. Lara kümmert sich um zwei **Frauen**, die sich eine Begleitung beim Spazierengehen wünschen. Oder sie liest einem **Mann**, der nicht mehr gut sehen kann, Artikel aus der Zeitung vor. Wenn noch Zeit bleibt, hilft Lara dem **Praktikanten**, der es immer eilig hat, Kaffee und Tee zu verteilen.

2 Cem freut sich auf das Sommercamp, das er schon zum dritten Mal besucht. Annie trifft sich mit ihren Freunden, die in den Ferien auch zu Hause bleiben, fast jeden Tag im Schwimmbad. Luka fährt zu seinem Vater, der auf der Insel Fehmarn arbeitet. Meral besucht ihre Cousinen, die sie lange nicht gesehen hat, im Ferienhaus am Bodensee.

Seite 96

1 **a.** bis **c.** Tier- und Pflanzenarten, die als bedroht gelten, werden in einer so genannten Roten Liste von der Weltnaturschutzunion erfasst. In der aktualisierten Roten Liste aus dem Jahr 2020 werden 32 442 Tiere und Pflanzen erfasst, die vom Aussterben bedroht sind. Allgemein kann man sagen, dass der Klimawandel und auch der Mensch, der Lebensräume von Arten zerstört, dazu beitragen. Auch in Deutschland gibt es viele bedrohte Tierarten. Dazu gehört z. B. der Feldhamster, der bei uns immer weniger Lebensraum findet.

2 **a., b.** Naomi weiß, dass der Eisbär, der auch Polarbär genannt wird, bis 2050 verschwinden könnte.
Tarik ergänzt, dass die Erwärmung der Erde die Ursache ist. Der menschenverursachte Klimawandel, der den Lebensraum des Eisbären bedroht, lässt das Eis schmelzen.
Anna hat gelesen, dass auch die Koalas in Australien gefährdet sind. In dem Land, das von verheerenden Buschfeuern heimgesucht wurde, wurden große Teile des Lebensraums dieser Tiere zerstört.

Seite 97

1 **B** Aber es ist bekannt, dass Menschen viele Haiarten ausgerottet haben.
C Es ist richtig, dass illegales Fischen und der Klimawandel die Ursachen sind.
D Es wird vermutet, dass der Chinesische Flussdelfin bereits ausgestorben ist.

2 A Die Lehrerin erklärt, dass Sumatra-Nashörner ihren Lebensraum verlieren.
B Die Schülerinnen und Schüler erfahren, dass der natürliche Lebensraum der Wald ist.
C Der Film zeigt, dass der Wald gerodet wird.
D Die Doku erklärt, dass die Bäume für die Papierherstellung verarbeitet werden.

Seite 98

1 werden, also: es wird besser; schreiben, also: sie schrieb einen Brief; geben, also: er gab ihr das Geschenk; schweigen, also: ich schwieg einen Moment; finden, also: sie fand den Weg

2 **a., b.** liegen, also: lag; der spannende Himmel, also: spannend; bleiben, also: blieb; die Monde, also: der Mond; die schwierige Situation, also: schwierig

Auf dem Dachboden meines Onkels lag ein altes Fernglas. Es war spannend, damit in den Nachthimmel zu schauen. Ich blieb manchmal lange wach, um den Mond und die Sterne zu beobachten. Aber bei bewölktem Himmel war es schwierig, etwas zu erkennen.

Seite 99

1 **a.** auswählen, das Pflänzchen, kräftig, die Bäume, aufschäumen, häufig

1 **b.** auswählen – die Wahl, das Pflänzchen – die Pflanze, kräftig – die Kraft, die Bäume – der Baum, aufschäumen – der Schaum, häufig – der Haufen

1 **c.** *Beispiel für eine Lösung:*
Die Pflänzchen wachsen im Frühling sehr schnell. Tim klettert gerne auf Bäume.
Die Mutter möchte die Milch aufschäumen.

2, **3** Die Sternbilder am nächtlichen Himmel dienen den Seefahrern seit jeher zur Orientierung. Ein Sternbild besteht aus einer kleinen Gruppe von Sternen, die immer die gleichen Abstände voneinander haben. Ihre räumliche Anordnung erinnert an Figuren oder Tiere. Einige Sternbilder wie der Große Wagen oder der Kleine Bär sind ganzjährig zu beobachten, andere nur zu bestimmten Jahreszeiten. Mit etwas Übung kann man Sternbilder freiäugig, also ohne Fernglas, erkennen.

nächtlichen – die Nacht, Abstände – der Abstand, räumliche – der Raum, ganzjährig – das Jahr, freiäugig – das Auge („Bär" ist ein Merkwort, denn es lässt sich nicht ableiten.)

Seite 100

1 Lisa ist neugierig, sie beobachtet jeden Abend den Himmel. Gespannt verfolgt sie jede Änderung im Sternbild. Vor allem im Sommerurlaub verbleibt sie andauernd und stundenlang vor ihrem Standteleskop. Wenn es viele Wolken am Himmel gibt, ist Lisa immer etwas traurig.

2 **a.** säubern, das Päckchen, die Sträucher, ändern, ängstlich, er lässt, sie läuft, die Schläuche, wärmen, täglich

2 **b.** säubern – denn: sauber, das Päckchen – denn: packen, ändern – denn: anders, ängstlich – denn: die Angst, er lässt – denn: lassen, sie läuft – denn: laufen, die Schläuche – denn: der Schlauch, wärmen – denn: warm, täglich – denn: der Tag

2 **c.** *Beispiel für eine Lösung:*
Auch kleine Kinder müssen zweimal täglich ihre Zähne putzen. Lisa bringt das Päckchen zur Post. Die Feuerwehrleute reinigen die Schläuche nach jedem Einsatz. Lukas lässt jeden Abend die Katze in den Garten.

Seite 101

1

Personen, Lebewesen, Gegenstände	Menschen, Gesteinskörner, Sternengucker
von einem Artikel begleitet	eine Sternschnuppe, dem Weltall, der Wissenschaft, die Wünsche, der Sternengucker
von einem Adjektiv begleitet	kleine Gesteinskörner, beste Möglichkeit
mit **-ung**, **-heit**, **-keit**, **-nis** oder **-schaft** am Wortende	Wissenschaft, Möglichkeit, Erfüllung

2 *Beispiel für eine Lösung:*
Im Sommer kann man besonders häufig Sternschnuppen beobachten. Viele Menschen hoffen, dass ihre Wünsche in Erfüllung gehen. Nachts hat man die Gelegenheit, viele Himmelskörper im Weltall zu beobachten. Sternengucker nutzen dazu oft Teleskope.

Seite 102

1 **a., b.** In der **Nacht** lassen sich mit bloßem **Auge** viele schöne **Himmelskörper** erkennen. Neben einzelnen selbst leuchtenden **Sternen** sind auch bei **Finsternis** die **Planeten** nachts erkennbar. Auch unser **Mond** sowie die **Monde** der fremden **Planeten** lassen sich oft schon bei **Dämmerung** aufgrund ihrer **Helligkeit** gut beobachten.

1 **c.** *Beispiel für eine Lösung:*
In einer klaren Nacht kann man den Mond gut erkennen. Der Mond wird von der Sonne angestrahlt.
Zu unserem Sonnensystem gehören acht Planeten.
Sterne gehören auch zu den Himmelskörpern.

2 **a., b.** Mit einigem Glück lässt sich hin und wieder ein Komet am Nachthimmel beobachten. Dabei handelt es sich um einen Körper, der nahe an der Sonne vorbeifliegt. Ebenfalls am Himmel erkennbar sind die

Bereiche in der Nähe anderer Sterne. Diese nennt man auch kosmische Staubnebel. Einer der bekanntesten Nebel ist der Orionnebel. Hast du diesen Namen schon mal gehört?

Seite 103

1 a.

Nomen + Verb	Verb + Verb
das Blumengießen das Fahrradfahren das Pizzaessen das Eislaufen	das Schwimmenlernen das Stehenbleiben das Rechnenüben

1 b. *Beispiel für eine Lösung:*
Das regelmäßige Blumengießen ist im Sommer wichtig. Beim Fahrradfahren sollt man immer einen Helm tragen. Das Schwimmenlernen macht Leon großen Spaß.

2 In Satz B wird die Wortgruppe aus Adjektiv und Verb zusammengeschrieben, da sie eine neue Bedeutung hat. (Die Klassenarbeit ist Lisa schwergefallen. Sie hatte große Mühe mit der Klassenarbeit.)

Seite 104

1 a., b. Am Nachmittag abeitete ich im Verkaufsraum.
Am Nachmittag arbeitete ich im Verkaufsraum.
Die Chefin zeigte mir die unterschiedichen Pflanzen.
Die Chefin zeigte mir die unterschiedlichen Pflanzen.
Der Mechaniker räumte seinen Werkzeugkastn auf.
Der Mechaniker räumte seinen Werkzeugkasten auf.

2 a. anstrengende Arbeit, also: anstrengend; die Vormittage, also: Vormittag; die gewaltige Welle, also: gewaltig; heben, also: hob; die Strände, also: Strand

2 b. Das Rudern war sehr anstrengend. An diesem stürmischen Vormittag sahen die Wellen gewaltig aus. Unser Ruderboot hob und senkte sich. Aber am Ende erreichten wir den Strand.

Seite 105

3 a., b. schlafen → schläft
die Winternacht → Winternächten
Mein Bruder schläft in kalten Winternächten mit einer Mütze.
der Traum → träumen
der Schneemann → die Schneemänner
Vielleicht träumt er von Schneemännern oder einer Schlittenfahrt.
der Haufen → häufig
der Schrank → Schränkchen
Meine Bücher stapeln sich häufig auf dem Schränkchen neben dem Bett.

4 a., b. die Zahl: Geheimzahl, unzählige, aufzählen
Die Geheimzahl sollte man niemandem verraten.
Bei vollständiger Dunkelheit sieht man unzählige Sterne am Himmel.
Kannst du alle Planeten aufzählen, die um die Sonne kreisen?
stellen: Bestellung, bestellten, vorstellen
Der Chef nahm eine telefonische Bestellung auf.
Ich legte die bestellten Waren in einen Karton.
Kannst du dir vorstellen, ein Praktikum in einer Bäckerei zu machen?

Seite 106

5 a. Die wissenschaftlerinnen und wissenschaftler, die sich mit der erforschung des unendlichen weltalls beschäftigen, nennt man astronomen.
die Wissenschaftlerinnen, die Wissenschaftler, die Erforschung, das Weltall, die Astronomen

5 b. Die Wissenschaftlerinnen und Wissenschaftler, die sich mit der Erforschung des unendlichen Weltalls beschäftigen, nennt man Astronomen.

6 a., b.
Checkpunkt 1: Himmelskörper, Brillenmacher
Checkpunkt 2: erfand (erfinden)
Checkpunkt 3: älteste (alt)
Checkpunkt 4: Vielzahl (die Zahl)
Checkpunkt 5: Naturwissenschaft, Fernrohr

7 Die Astronomie gilt als die älteste Naturwissenschaft. Schon immer wollten die Menschen die Bewegung unseres Mondes und der anderen Himmelskörper verstehen. Im Jahre 1608 erfand der Brillenmacher Hans Lipperhey das erste funktionsfähige Fernrohr. Auch der Astronom Galilei konstruierte ein Jahr später ein Fernrohr, mit dem er die Planeten und eine Vielzahl bisher unbekannter Sterne beobachten konnte.

Seite 107

1 a. ~~sonnensystems~~/Sonnensystems, hundert/~~hunderd~~, ~~daseins~~/Daseins, ~~ferbringen~~/verbringen, Sandkörner/~~Santkörner~~, genug/~~genuk~~, ~~durchleuft~~/durchläuft, Meteorregen/~~Meteoregen~~

1 b.
Checkpunkt 1: Meteorregen
Checkpunkt 2: hundert, Sandkörner, genug
Checkpunkt 3: durchläuft (laufen)
Checkpunkt 4: verbringen
Checkpunkt 5: Sonnensystems, Daseins

Seite 108

1 Lars plant eine Schatzsuche mit dem Smartphone.

2 zum Fahrradfahren, das Bergsteigen, das Hockeyspielen, beim Bergsteigen

3 *Beispiel für Lösungen:*
Am Nachmittag verletzt sich Kemal beim Skateboardfahren.
Tina und Kemal treffen sich zum Englischlernen.

Seite 109

1 Für die Orientierungswanderung braucht man eine Karte und ein Smartphone.

2 a. zum Computerspielen, das Lesenüben, beim Spazierengehen

2 b. *Beispiel für eine Lösung:*
Peter hat zum Computerspielen keine große Lust. Das Lesenüben interessiert ihn deutlich mehr. Beim Spazierengehen kommt er auf andere Gedanken.

Seite 110

1 An seinem ersten Praktikumstag lernte Benni, wie man Eiweiß schaumig schlägt.

2 Der Schneebesen ist ein Küchengerät, mit dem man flüssige Zutaten aufschäumen kann.

3 a., b.
das Besteck: das Messer, die Gabel, der Löffel
die Serviette: ein Teil der Tischwäsche, sie besteht aus Stoff oder Papier
der Schaumlöffel: ein großer Löffel mit Löchern, mit dem man Schaum abschöpfen kann
der Tellerwärmer: ein Gerät, mit dem man die Teller vor dem Servieren anwärmen kann

Seite 111

1 Louisa ärgert sich, weil Hans versucht hat, sie reinzulegen.

2 die Kreissäge: eine Säge mit rundem Sägeblatt
der Eichenbalken: ein Balken aus Eichenholz
das Werkstück: ein Gegenstand, an dem gearbeitet wird
die Wasserwaage: ein Prüfgerät zur Ausrichtung eines Objekts
der Lagerist: verwaltet ein Warenlager

3 Tischler/-innen verarbeiten Furniere, das sind dünne Blätter aus Holz.
Sie montieren Einbaumöbel, das heißt, sie verbinden extra angefertigte Möbel fest mit dem Bauwerk.

Seite 112

1 Die Blätter der Lotosblume reinigen sich selbst, denn Wasser und Schmutz perlen einfach ab.

2 a., b.

Fremdwörter auf -ie	Fremdwörter auf -ik
die Biologie die Chemie die Technologie	die Bionik die Technik die Physik

3

die Batterie die Energie die Fantasie	die Fabrik die Klinik die Taktik

Seite 113

1 und **2**
Nomen auf -ie: die Biologie, die Chemie, die Energie, die Theorie, die Fantasie
Nomen auf -ik: die Technik, die Physik, die Mathematik, die Ethik, die Statik
Adjektive auf -iv: intensiv, positiv, exklusiv, negativ

Seite 114

1 Forscher entdeckten auf dem Mars gerade Linien, die wie Wasserstraßen aussahen.

2

Wörter mit ss	Wörter mit ß
wissen Wasserstraßen Wissenschaftler	außerhalb Wasserstraßen außerirdisch

3

das Abendessen ein bisschen der Kuss	schließlich fließen außerdem

Seite 115

1 a. bis **d.**

Wörter mit ss	Wörter mit ß
wissen, Wissenschaftler, küssen, lassen, das Kissen, der Fluss	etwas Großes, weiß, reißen, gießen, außen, das Floß, der Fuß

2 Leider konnte er nicht wissen, dass der Sprengstoff auch in Kriegen genutzt würde.
Daher legte er fest, dass mit seinem Vermögen eine Stiftung gegründet wird.
Heute weiß man, dass er mit seinen Theorien den Grundstein zur modernen Atom und Teilchenphysik legte.

3 *Beispiel für eine Lösung:*
Mehmet denkt, dass er morgen zum Fußballspiel gehen wird. Birgül meint, dass ihr Mathetest ganz gut geklappt hat.

Seite 116

1 Marie glaubt, dass sie die richtige Entscheidung getroffen hat.

2 **a., b.** Als sie sich an ihrer neuen Schule umsieht, entdeckt sie einen Flyer des Fußballvereins.
Marie meldet sich dort an, obwohl sie vorher noch nie im Verein gespielt hat.
Aber Marie weiß, dass sie ein gutes Ballgefühl hat und ausdauernd ist.
Weil alle freundlich sind und ein guter Teamgeist herrscht, fühlt sich Marie wohl.
Sie glaubt, dass sie die richtige Entscheidung getroffen hat.

3 Als Marie zum ersten Training kommt, ist sie aufgeregt.
Marie weiß, dass sie auch mit dem Ball am Fuß schnell rennen kann.
Beim entscheidenden Meisterschaftsspiel ermahnt die Trainerin die Spielerinnen, weil es zu viele Fouls gibt.
Obwohl eine Mitspielerin die Rote Karte bekommen hat, gewinnt Maries Mannschaft mit 2:1 Toren.

Seite 117

1 Helen meint, dass Lara die Interessen der Schülerinnen und Schüler am besten vertreten würde.

2 **a., b.** Helen stand gestern früh auf und sie ging zur Schule. Es war ein wichtiger Tag, denn die neue Schülervertretung sollte gewählt werden.

3 **a.** bis **c.** Ich werde sie wählen, weil ich glaube, dass sie unsere Interessen am besten vertreten kann.

Seite 118

1 In dem Buch von Jules Verne lassen sich drei Menschen mit einer Kanone in den Weltraum schießen.

2 Man kann Abenteuer in der fernen Zukunft erleben, ohne selbst in Gefahr zu geraten.
In diesem Buch lassen sich drei Menschen mit einer Kanone in den Weltraum schießen, um zum Mond zu gelangen.
Aber man braucht Mut und sehr viel Geld, um eine solche Reise zu buchen.

3 *Beispiel für Lösungen:*
Ich lese gern Bücher, um mich zu entspannen.
Ich würde in eine Mondrakete steigen, um in eine fremde Welt einzutauchen.
Ohne zu zögern, würde ich in eine Mondrakete steigen.

Seite 119

1 Sciencefiction-Ideen sollte man ernst nehmen, weil sie manchmal wahr werden.

2 **a., b.** Um Waren schneller zu produzieren, werden heute in immer mehr Betrieben Roboter eingesetzt.
Doch die Idee einer neuen Arbeitswelt ist aufregender, als nur über die Gegenwart zu klagen.
Also sollte man Sciencefiction-Ideen zunächst ernst nehmen, anstatt sie zu belächeln.
Und ohne ein schlechtes Gewissen zu haben, können wir aus Sciencefiction-Filmen und Sciencefiction-Büchern lernen.
Dann brauchen wir nichts weiter zu tun, als die Zukunft abzuwarten.

3 Svenja liest einen Sciencefiction-Roman, um sich zu unterhalten. Nach dem Zukunftsfilm gingen sie zu Fuß nach Hause, anstatt den Bus zu nehmen. Er kaufte den Sciencefiction-Roman, ohne zu zögern.

4 Um sich zu unterhalten, liest Svenja einen Sciencefiction-Roman. Anstatt den Bus zu nehmen, gingen sie nach dem Zukunftsfilm zu Fuß nach Hause. Ohne zu zögern, kaufte er den Sciencefiction-Roman.